알면 알수록 신비로운 태양계 이야기
별가족, 태양계 탐험을 떠나다

별가족, 태양계 탐험을 떠나다

초판 1쇄 2008년 1월 7일 | 초판 13쇄 2022년 4월 15일

글 김지현 | **그림** 김주경 | **사진** NASA · 박승철

편집 윤정현 · 조연진 | **마케팅** 강백산 · 강지연 | **디자인** 김진디자인

펴낸이 이재일

펴낸곳 토토북 04034 서울시 마포구 양화로11길 18, 3층(서교동, 원오빌딩)

전화 02-332-6255 | **팩스** 02-332-6286

홈페이지 www.totobook.com | **전자우편** totobooks@hanmail.net

출판등록 2002년 5월 30일 제10-2394호

ISBN 978-89-90611-05-5 73440
　　　 978-89-90611-54-3 74400(세트)

이 책은 저작권법에 의해 보호를 받는 저작물이므로 무단 전재 및 무단 복제를 금합니다.
잘못된 책은 바꾸어 드립니다.

《별가족, 태양계 탐험을 떠나다》를 읽고 난 후 궁금한 게 있는 친구들은
이 책을 쓴 선생님께 메일(hd1124@naver.com)을 보내 주세요.

KC
- 제품명: 별가족, 태양계 탐험을 떠나다 | 제조자명: 토토북 | 제조국명: 대한민국 | 전화: 02-332-6255
- 주소: 서울시 마포구 양화로11길 18, 3층(서교동, 원오빌딩) | 제조일: 2022년 4월 15일 | 사용연령: 8세 이상
- * KC 인증 유형: 공급자 적합성 확인
- * KC마크는 이 제품이 공통안전기준에 적합하였음을 의미합니다.

⚠ **주의** 책의 모서리에 다치지 않게 주의하세요.

별가족, 태양계 탐험을 떠나다

알면 알수록 신비로운 태양계 이야기

김지현 글 | 김주경 그림

www.totobook.com

우주선 타고 태양계로 출발!

안녕, 만나서 반가워!
밤하늘의 별처럼 눈동자가 맑게 빛나는구나. 탐험에 관심이 많은 어린이 같은걸. 지금 네가 꿈꾸는 것이 무엇인지 맞춰 볼까? 아름답고 신비한 곳으로 탐험을 떠나고 싶은 거로구나. 좋았어! 아주 특별한 곳을 함께 탐험해 보자.
그곳은 바로 '태양계'란다. 우선, 태양계 탐험에 필요한 걸 알려 줄게.
별 지도, 우주복, 우주 식량….
어이쿠, 이런 걸 언제 준비하지? 걱정하지 않아도 돼. 준비물이 모두 들어 있는 우주선을 미리 마련해 두었어. 정말 신기한 우주선이야. 아마 지금까지 네가 알고 있는 어떤 우주선 보다 빠를 거야.
참! 우린 별가족과 함께 떠난단다. 매일 매일 별 이야기로 웃음꽃을 피우는 별가족이야. 벌써부터 두근두근 마음이 설레는 것이 즐거운 탐험이 될 것 같지?
환하게 빛나는 태양과 행성, 소행성, 혜성, 별똥별을 차례대로 만날 거야.
납덩이를 녹일 만큼 뜨거운 금성에 발을 디뎌 보고, 화성에서는 꽁꽁 얼어붙은 얼음 지형을 볼 수 있지. 그렇다고 미리 겁먹을 필요는 없어. 안전한 우주복이 있으

니까. 토성에 내려서는 아름다운 고리를 관찰할거야. 물론 멋진 꼬리를 뽐내는 혜성도 빠뜨릴 수 없지.

태양계 탐험을 하고 돌아오면, 푸른 행성 지구의 환경을 더 잘 이해하고, 더 소중하게 느낄 거야. 그리고 자연에 대해 생각하는 힘이 커지고, 상상하는 마음도 넓어지겠지. 드넓은 우주처럼 말이야.

자, 이제 모든 준비가 끝났군. 눈을 꼭 감으렴.

하나, 둘, 셋 하면 큰 소리로 외치는 거야.

"우주선 출발!"

잠깐, 그런데 태양계 탐험 우주선의 이름을 말해 주는 걸 깜빡했네.

우리 우주선의 이름은 바로…, '상상 우주선'이야. 하하!

그렇다고 너무 실망하지 마. 한 가지 중요한 약속을 할게. 이 책을 다 읽고 나면, 진짜 멋진 우주선에 대해 알려 줄게. 정말 타고 다닐 수 있는 우주선으로 말이야. 기대해도 돼!

차례

우리 가족을 소개합니다!…8

★ 별 가루로 만들어진 태양계 가족…10

★ 지구의 땅이 된 별 부스러기들…22

★ 태양계의 탄생 비밀이 새겨진 소행성…32

★ 앗! 뜨거워, 앗! 차가워 수성…44

★ 낮에도 볼 수 있는 금성…56

★ 우주의 달리기 선수, 별똥별과 혜성…68

태양계 가족엔 누가 있을까?

★ 화성 여행은 너무 오래 걸려요 … 84

★ 오랫동안 태풍이 멈추지 않는 목성 … 96

★ 먼지와 돌멩이로 만들어진 토성 고리 … 108

★ 망원경이 찾아낸 별, 천왕성 … 122

★ 해왕성에서는 방귀 냄새가 날까? … 136

★ 정월대보름 달을 선물 받다 … 146

우리 가족을 소개합니다!

우리 집은 경기도의 작은 도시에 있어요.

우리 반 친구들 대부분이 아파트에 살고 있지만 저는 조금 넓은 마당이 있는, 아담한 양옥집에 살고 있답니다.

마을 앞, 큰길 너머에는 밭이 있어서 주말에는 농장에 가서 감자나 파, 고추, 상추 등을 길러서 먹기도 합니다.

집 뒤에는 낮은 산이 있어요. 그래서 공기가 맑지요. 매일 아침 일어나자마자 마당으로 달려 나가 공기를 깊이 들이마시면, 굉장히 상쾌하고 좋아요.

그럼 우리 가족을 소개할까요?

우리 가족은 아빠, 엄마, 나, 솔이 이렇게 네 식구입니다.

아빠는 별을 연구하는 천문학을 공부하셨고, 지금은 어린이들에게 별에 대한 여러 가지 이야기를 들려주시는 〈별 학교〉 선생님입니다. 엄마는 아빠와 같은 공부를 하던 친구였는데, 별을 사랑하는 아버지가 멋있어서 결혼하게 되셨대요. ㅋㅋ

솔이는 여섯 살 난 제 여동생인데요, 아빠와 엄마의 영향을 받아서인지 별에 대해 아주 관심이 많아요. 가끔씩 엉뚱한 질문을 해서 집안을 웃음바다로 만드는 귀염둥이입니다.

마지막으로 저는 이 일기를 쓴 김재범입니다. 초등학교 3학년이에요. 저는 과학, 특히 우주 과학에 관심이 많아서 아빠한테 여쭤 보기도 하고, 책도

찾아보면서 열심히 공부하고 있습니다. 이번에 태양계 탐험 일기를 쓰면서, 태양계에 대해서 아직 제가 모르는 것이 많다는 것을 알았어요. 앞으로 더 열심히 공부해서 우주과학자가 되고 싶어요.

별가루로 만들어진 태양계 가족

온 가족이 모여 저녁밥을 먹을 때였다. 엄마는 나를 빤히 보더니 이렇게 물었다.

"재범아, 오늘 새 학년이 된 첫날이잖아."

"예."

"앞으로 1년 동안 학교생활이 어떨 것 같니?"

"음…, 글쎄요."

내 말이 미덥지 않은지 엄마는 눈썹 사이를 찌푸렸다.

"헤헤, 걱정 마세요. 옆에 앉은 친구가 재미있는 애라서 즐거울 것 같아요."

"요 녀석, 엄마를 놀리면 못 쓰지."

아빠가 내 코를 살짝 잡았다 놓으면서 말씀했다.

새 학기 첫날이다. 아직 친구를 많이 사귀진 못했지만, 오늘 얘기를 나눈 친구들은 모두 내 맘에 쏙 들었다. 앞으로 신나는 학교생활이 될 것 같아서 가슴이 설렌다.

"재범이가 3학년 된 기념으로 엄마랑 아빠가 선물을 준비했지."

아빠는 식탁 밑에서 선물 꾸러미를 들어 올렸다. 아빠가 준 상자에는 야광별이 가득 들어 있었다. 난 후다닥 방으로 달려가서 천장 여기저기에 별을 붙였다. 내가 좋아하는 돌고래자리도 만들었다. 별을 다 붙이고 난 뒤, 방 불을 껐더니 방안은 온통 별나라가 되었다.

한참 동안 아무 말도 않고 바라보던 동생이 갑자기 울먹였다.

"나도 선물 줘요, 으앙…."

"여길 봐, 솔이 선물도 있지."

아빠는 행성들이 주렁주렁 달린 모빌을 보여 주셨다. 솔이는 금세 울음을 멈추더니, 신기하다는 듯 모빌을 요리조리 살펴보았다. 난 솔이 기분을 좋게 해 주려고 한마디 했다.

"솔이 선물이 내 것보다 더 좋잖아. 멋진 행성들이네."

"응? '행성'이 뭐야?"

나는 잘난 척하며 알려 줬다.

"**행성**은 떠돌이별이야. 태양 주위를 떠돌이처럼 계속 돌거든. 우리 지구도 행성이야. 지구가 태양 주위를 한 바퀴 돌면 1년이 지난 거고, 또 한 바퀴 돌면 또 1년이 지난 거지."

"그럼 여기 매달린 게 모두 행성이야?"

"맞아, 모두 태양이 거느리고 있는 행성이지. 하나 더 알려 줄게. 태양처럼 덩치도 크고, 스스로 빛을 내는 별은 항성이라고 불러."

"우와, 오빠 똑똑하다."

나도 모르게 우쭐해졌다. 이참에 내 실력을 보여 주지.

"여기, 포도 알만 한 것 보이니? 행성 가운데 제일 작은 수성이야. 그 옆에 방울토마토만 한 것은 화성이지."

솔이의 동그란 눈이 더 커졌다. 굴 크기만 한 것을 집어 들며 물었다.

"이건 무슨 행성이야?"

"그게 바로 지구! 우리가 살고 있는 행성이야."

솔이는 손에 든 지구를 물끄러미 보다가 고개를 갸우뚱거리며 말했다.

"근데, 태양은 어디 있어?"

"글쎄? 나도 잘 모르겠는데, 어디 있지?"

나도 구석구석 살펴보았지만 태양과 닮은 것은 찾을 수 없었다.

'아빠가 숨겨 놓았나?'

솔이와 나는 눈을 흘기며 아빠를 쳐다보았다.

"왜 날 쳐다보니? 난 잘못한 거 없다. 태양은 이 모빌에 달릴 수 없어. 너무 크거든. 태양이 얼마나 큰지 알고 나면 깜짝 놀랄 걸."

아빠는 냉장고에서 사과와 배를 꺼내 오셔서 사과를 해왕성 옆에, 배를 천왕성 옆에 들어 보였다.

"어때, 크기가 비슷하지?"

"와! 정말이네."

"좋았어, 이번에는 토성 크기쯤 되는 과일이 있어야 할 텐데…, 그래, 멜론이면 되겠다."

"재미있다. 아빠, 목성은 토성보다 훨씬 크니까 수박으로 해요."

나는 도화지에 수박을 그려서 오려냈다. 목성과 크기가 비슷했다.

"자, 이제 마지막으로 태양의 크기를 알아볼까?"

태양이 목성보다 크다고 했으니, 수박보다 큰 과일을 찾으면 되는데….
얼른 떠오르지 않았다. 아빠는 길게 손을 뻗어 방바닥에서 천장까지
닿을 만큼 커다란 동그라미를 그렸다.

"태양은 이 방을 가득 채울 만한 풍선이야. 어때, 엄청나지?"

"우와, 되게 크다!"

아빠는 태양 앞에 지구를 늘여 세운다면, 모두 109개 정도를 놓을 수
있다고 알려 주셨다. 태양은 덩치만 큰 게 아니라 무겁기도 했다.
태양은 행성들을 모두 합한 것 보다 750배쯤 더 무겁다고 한다.

"아빠, 태양은 행성을 많이 데리고 사네."

"그래서 태양계라는 이름이 붙은 거야. 울퉁불퉁한 고구마를 닮은
소행성, 멋진 꼬리를 달고 나타나는 혜성도 태양계 가족이야."

"우리 집은 달랑 네 식구인데, 태양계는 가족이 많아서 참 좋겠다."

밀가루!

별 가루!

그런데 태양계 가족은 언제 생겨났지? 또 어떻게 만들어졌을까? 나의 궁금증은 풍선처럼 부풀어 올랐다.

엄마는 동글동글 예쁜 떡을 내오셨다. 다른 때 같으면 잽싸게 달려들었겠지만, 머릿속이 호기심으로 가득해서 먹는 둥 마는 둥 했다.

엄마는 이런 내 마음을 벌써 눈치채셨나 보다.

"먹보 재범이가 오늘따라 이상하네. 뭘 그렇게 골똘히 생각하니?"

"엄마, 태양이랑 지구는 언제, 어떻게 생겨난 거예요?"

"떡을 만들려면 무슨 가루가 필요할까?"

아니, 태양계 얘기를 하다가 갑자기 웬 떡 이야기람?

"밀가루!"

나는 솔이에게 꿀밤을 주며 말했다.

"야! 밀가루로 어떻게 떡을 만들어! 쌀가루지."

엄마는 웃으며 이번에는 빵을 만들려면 무슨 가루가 필요하냐고 물으셨다. 나는 자신 있게 밀가루라고 대답했다.

"마지막 문제다. 별을 만들려면?"

잘 몰라 고개를 갸우뚱하는데, 솔이가 먼저 말해 버렸다.

"별 가루!"

"야, 별 가루가 어딨냐?"

그런데 엄마의 대답은 내 예상을 빗나갔다.
"딩동댕! 솔이가 맞혔네."
엥? 그럼 별 가루가 있단 말인가?
"우주에는 먼지와 가스가 많이 모여 있는 곳이 있어. 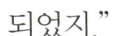이라고 부르는데, 그게 별 가루라고 할 수 있지."
"그럼 태양이랑 행성, 소행성 같은 게 모두 별 가루가 모여서 생겨난 거예요?"
"응, 아주 먼 옛날의 일이지. 46억 년 전쯤이니까.
성운이 모여서 소용돌이를 만들었어. 그러다가
소용돌이의 중심에 성운이 많이 뭉치면서 아기
태양이 생겨난 거야.
태양 둘레로 작은 덩어리들이 만들어지고,
그 덩어리들이 서로 합쳐지면서 행성이
되었지."

오! 정말 우리 태양계가 별 가루로 만들어진 거네?
궁금증이 풀리니 떡 맛도 살아났다. 남은 떡은 모두 내꺼!

오늘 받은 별 선물은 무척 마음에 들었다. 불을 끄고 방안에 벌러덩 누웠다. 별들이 나를 내려다보고 있었다.
"방 안에서 별을 보는 건 좋은데, 별 보느라 잠이 안 오네."
에잇, 이럴 바엔 밖에 나가 진짜 별을 봐야지.
마당에 나가보니 캄캄한 하늘에 별이 하나둘 나타나고 있었다.
저 별 가운데 지구처럼 생명체가 살고 있는 별도 있을까? 나중에 우주 탐험을 하게 되면, 외계인이 사는 별을 꼭 찾아봐야지.

넌 더 이상 행성이 아냐!
태양계 가족 중 행성은 명왕성을 포함하여 9개였어요. 그런데 2006년 8월 24일 체코 프라하에서 열린 국제천문연맹(IAU) 총회에서 과학자들은 명왕성을 행성으로 인정하지 않기로 결정했대요. 크기도 매우 작고, 공전 궤도(태양을 중심으로 행성이 도는 길)도 다른 행성들과 많이 달랐거든요. 이제 우리는 태양계 행성의 순서를 '수·금·지·화·목·토·천·해'라고 외워야겠어요.

태양계 행성 과일 가게

3월 2일 날씨: 파란 하늘에 구름이 둥실둥실

나중에 어른이 되면 행성 과일 가게를 차려 볼까? 우주 탐험대나 과학자들에게 인기가 많을 것이다. 과일을 먹을 때 마다 우주를 떠 올릴 테니까. 솔이는 목성 표 수박이 먹고 싶다고 했다.

태양계 가족을 만나 보자

태양계 여행에 오신 여러분을 환영합니다.
아직까지는 특별히 선발된 우주인이나 무인 탐사선만 우주여행을 떠나지만 미래에는 모든 사람들이 우주로 여행을 떠날 수 있을 거예요.
태양계 행성과 소행성에 대해 미리 알아보면 나중에 우주여행을 할 때 유용하겠지요?
그럼 우리 함께 재범이네 가족을 따라 태양계 구석구석으로 탐험을 떠나 볼까요?

얘들아, 준비 됐니?
지금부터 태양계 여행을 시작할 거야.

 지구의 땅이 된 별 부스러기들

솔이와 나는 이불 속에서 고개만 쏙 내밀고 텔레비전을 보고 있었다. 만화영화에 푹 빠져 있는데, 갑자기 방문이 열리고 아빠의 우렁찬 목소리가 들렸다.

"밭에 김매러 갈 사람 나오세요."

솔이는 눈을 멀뚱거리며 나를 보았다. 귀엣말로 김매기는 풀 뽑아 주는 일이라고 알려 주었다. 그리고 우리는 약속이나 한 듯 고개를 절레절레 저었다.

그러자 아빠는 도시락 가방을 흔들어 보였다.

"밭에 김밥 먹으러 갈 사람 나오세요."

솔이와 나는 누가 먼저라 할 것 없이 달려 나갔다. 마당에는 맑게 갠 하늘이 기다리고 있었다. 봄 소풍 가는 기분이 들었다. 출발!

30분쯤 걸어서 주말 농장에 도착했다. 원두막에 짐을 내리고 얼른 우리 밭으로 달려갔다. 지난달에 심은 감자가 흙을 비집고 싹을 틔워 냈다. 완두콩과 상추도 파란 잎을 뽐내고 있었다. 사방을 둘러보았다. 새싹들의 노랫소리가 여기저기에서 들리는 듯 했다.

"오랜만에 왔는데 정말 잘 자랐네요. 누가 새싹들을 키워 준 걸까?"
"아주 고마운 분들 덕분이지."
"누구예요. 엄마 친구예요?"
"음, 우리 모두의 친구란다. 따스한 빛을 내려 준 태양, 맑은 공기를 불어넣어 준 바람, 촉촉하게 흙을 적셔 준 비, 그리고 여린 뿌리에 양분을 나눠 준 흙."

솔이와 나는 손바닥을 펴서 살며시 흙을 만져 보았다. 봄 햇살이 닿아서인지 포근했다. 얼굴을 가까이 하니 산들바람 따라 흙의 향기가 다가왔다. 손가락 사이로 촉촉함이 묻어났다. 흙 알갱이 속에 어젯밤 내린 비가 스며 있는 것 같았다.

솔이는 한 움큼 흙을 집더니 방긋 웃는 얼굴로 인사를 했다.

"흙님, 반가워."

손바닥의 흙을 이리저리 살펴보고 나서 물었다.

"오빠, 흙은 어떻게 생겨난 거야?"

마침 밭고랑 사이에 있는 돌멩이가 눈에 띄었다.

"저기 돌 보이지. 돌이 아주 아주 오랫동안 비바람에 으스러지면 흙이 되는 거야."

"그럼, 돌은 어떻게 생겨났어?"

"좀 어려운 얘기인데, 46억 년 전쯤 지구가 생겨났어. 처음에는 돌도 흙도 없는 뜨거운 불덩어리였대. 그러다가 지구의 표면이 차츰 식으면서 돌도 만들어졌지. 알았니? 하하하!"

"그럼, 지구는 어떻게 생겨난 거야?"

점점 어려워지는군. 하지만 여기서 물러설 수야 없지.

"먼지와 가스로 된 별 가루 이야기 기억 안 나? 엄마가 별 가루는 성운이라고 부른댔잖아. 성운이 뭉쳐서 태양이나 지구가 생겨나는 거야."

"아, 맞다. 이제 조금씩 생각난다."

"이만하면 오빠의 실력을 알았지. 이제 궁금증이 다 풀렸으니까, 김매러 가자."

우쭐한 마음이 들었다. 신나게 콧노래를 부르며 밭두렁을 걸었다. 몇 걸음 옮기는데 솔이의 목소리가 들렸다.

"오빠! 그런데 지구를 만들 때 쓰인 성운 말이야. 그건 어떻게 생겨났어?"

"성운? 글쎄, 그건 누가 만들었지? 으…, 이제 그만 물어 봐."

귀를 막고 개울 쪽으로 도망쳤다. 솔이가 계속 쫓아오는 바람에 하는 수 없이 아빠 곁으로 달려갔다.

"솔이가 호기심이 많구나. 이참에 아빠도 땀 좀 식히면서 솔이의 궁금증을 풀어 볼까?"

아빠는 호미를 내려놓으며 밭두렁에 걸터앉았다.

"사실은 아빠도 누가 성운을 만들었는지는 몰라. 이 세상에 그걸 아는 사람은 한 명도 없을 걸? 오직 성운이 뭉쳐서 별이 되었다는 것만 알 뿐이지."

"에이, 시시해. 누가 성운을 만들었는지 알면 좋을 텐데…."

솔이는 실망했는지 입을 비쭉거렸다. 그러자 아빠는 우리들 귀에 대고 이렇게 속삭이셨다.

"그런데 말이야, 그보다 더 놀라운 사실이 있어. 별도 사람처럼
나이가 들면 죽게 돼. 특히 덩치 큰 별은 갑자기
폭발하면서 자기 몸을 이루던 먼지나 가스 같은
부스러기들을 사방으로 퍼트린단다. 이 별
부스러기들은 또 다른 별의 부스러기와
만나 새로운 성운이 되기도 하지."
"지구도 그 별 부스러기들로
만들어진 거야?"
솔이는 손에 꼭 쥐고 있던
흙을 펼쳐 보이며 말했다.
"그럼, 이 흙에도 먼 옛날에
살았던 다른 별의
부스러기가 섞여 있는
셈이지."
아빠는 밝게 웃으며 솔이를
안아 주셨다.
우리는 아빠와 함께 맨발로 밭두렁을 걸었다.
발바닥에 닿는 흙의 느낌이 새로웠다. 아빠를 도와 오이,

② 별 부스러기들이 움직이면서 가운데 소용돌이가 생깁니다.

① 서로 다른 곳에서 생긴 별 부스러기가 모입니다.

⑦ 수명이 다한 별은 폭발합니다. 이때 중심부는 쪼그라들고 나머지 부분은 부스러기가 되어 바깥쪽으로 밀려나지요.

⑥ 오랫동안 빛을 내던 별은 이제 노인별이 되었어요.

③ 별 부스러기들이 점점 뭉치면서 조그만 덩어리들이 생겨.

④ 아기별이 태어났어요.

⑤ 별은 점점 커져서 청년별이 됩니다. 주변에 행성들도 생겼어요.

토마토, 참외의 모종을 옮겨 심었다. 호미로 구덩이를 파고 듬뿍 물을 준 다음, 조심스럽게 모종을 넣고 뿌리 쪽에 살며시 흙을 덮어 주었다. '잘 자라야 해' 마음속으로 빌었다. 일을 마치고 원두막으로 왔다. 엄마가 시원한 물을 주셨다.

"재범이, 농부가 다 되었구나."

"앞으로 어린 농부라고 불러 주세요. 헤헤!"

기분이 좋았다. 옷에 묻은 흙을 털며 아까부터 궁금했던 것을 여쭈었다.

"엄마, 지구의 땅속에는 뭐가 있어요?"

엄마는 바구니에서 사과를 꺼내셨다.

"이 사과를 지구라고 상상해 볼까?"

얇게 깎은 껍질을 들어 보였다.

"이 사과 껍질이 우리가 밟고 서 있는 딱딱한 땅이란다. 지각이라고 불러."

"땅이 그렇게 얇은 줄 처음 알았어요."

엄마는 사과를 반으로 쪼개 나와 솔이에게 나누어 주셨다.

"맛있어요."

"지금 너희들이 먹고 있는 사과의 속살이 맨틀에 해당한다고 볼 수 있어. 지구 속의 가장 많은 부분을 차지하지. 딱딱한 고체이긴 해도 아주 오랜 세월 동안 서서히 움직인단다."

"맨틀이 움직이면 그 위에 붙어 있는 지각도 덩달아 움직이겠네요?"

"맞아. 그래서 지진이나 화산 활동이 생기는 거란다."

엄마는 흐뭇한 표정을 지으셨다. 사과는 씨가 모여 있는 가운데 부분만 남았다.

"여기는 뭐라고 해요?"

"핵이라고 불러. 지구의 한가운데는 아주 뜨거워. 6,000℃ 쯤 되지."

엄마는 하늘의 해를 가리키며 태양 표면의 온도와 지구 중심의 온도가 비슷하다고 알려 주셨다. 지구 한가운데가 그렇게 뜨거운데도 동·식물들이 편안하게 살고 있다는 사실이 놀라웠다.

일을 마치고 개울가에서 흙 묻은 호미를 씻고 손도 헹구었다. 다시 한 번 밭을 둘러보았다.

"별 부스러기들아, 우리 채소들을 잘 부탁해! 다음 주에 만나자."

사과와 지구가 같대요

4월 29일   날씨 : 포근한 봄 햇살

밭에서 지구 사과를 먹었다. 이제는 사과를 먹을 때마다 지구가 떠오를 것 같다. 우주에는 지구와 닮은 행성이 있을까? 거기에도 여러 가지 채소가 자랄까? 우주 과학자가 되어서 꼭 알아내야겠다.

우주에서 지구를 보자

둥근 지구

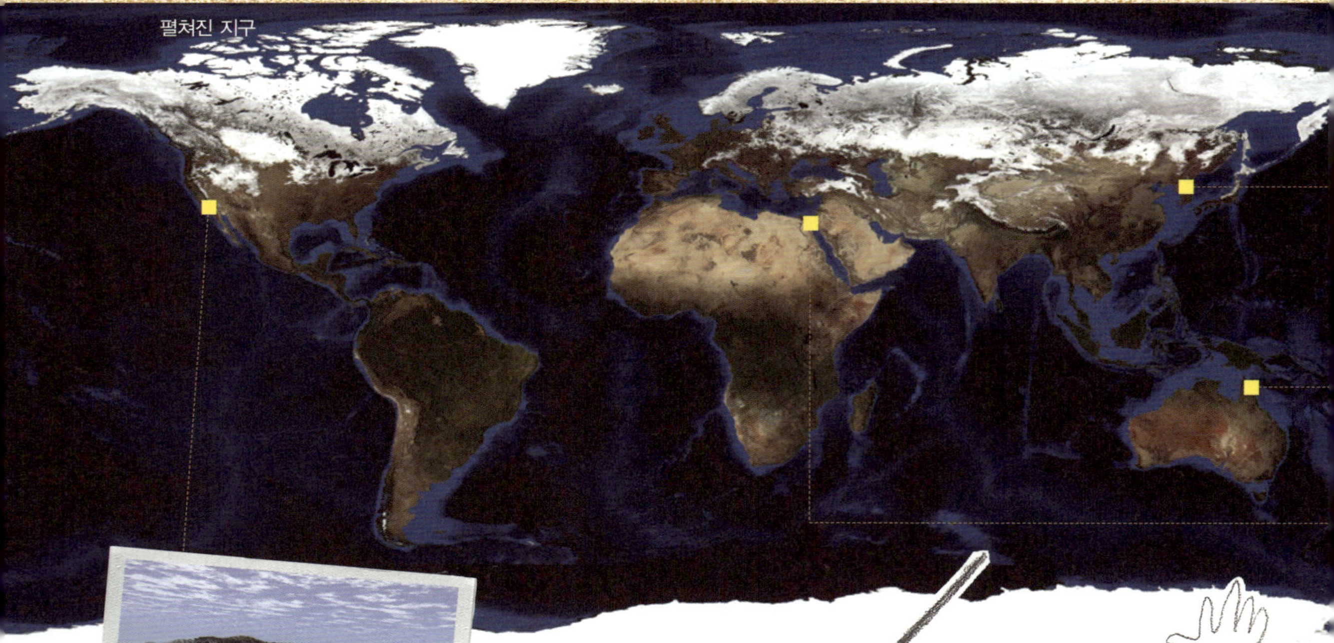

펼쳐진 지구

샌앤드레이어스

마술을 부려 볼게.
지구야 펼쳐져라. 얍!
어때, 대단하지?

지각이 서로 부딪히면서 만든
땅의 모습입니다.
미국의 LA와 샌프란시스코 사이에 있지요.

대한민국

우리나라가 어디 있지?
아하! 여기 있군.

그레이트배리어리프

바다 색깔이 정말 아름답죠?
그레이트배리어리프는 지구에서
가장 유명한 산호바다랍니다.

나일 강

나일 강이야.
지구에서 가장 길지.

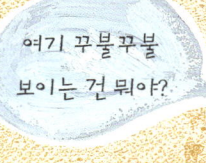

여기 꾸불꾸불
보이는 건 뭐야?

태양계의 탄생 비밀이 새겨진 소행성

하늘이 두 쪽으로 갈라지며 긴 꼬리를 단 소행성이 돌진해 왔다. 눈 깜짝할 사이에 하늘을 가로지르더니 땅과 부딪혔다. "꽝!"
엄청난 소리가 땅을 뒤흔들었다. 으깨진 돌덩어리들이 하늘 높이 솟아올랐다가 불덩이가 되어 다시 떨어졌다. 소행성이 떨어진 자리에는 커다란 구덩이가 생겼다. 여기 저기 불꽃이 일어나고 연기와 먼지가 세상을 뒤덮었다. 들판에는 수십 마리의 공룡이 쓰러져 있었다. 갑자기 숨이 막히는 것 같고 가슴이 콩닥콩닥 뛰었다.
그때 갑작스런 충돌에 놀란 공룡 한 마리가 나에게 달려들었다. 겁이 나서 몸을 움츠리고 눈을 꼭 감았다. 공룡의 발자국 소리가 점점 가까워졌다. 그때다. 누가 내 어깨를 치는 바람에 깜짝 놀라 소리를 질렀다.
"으악!"

고개를 돌려 보았더니 아빠가 서 계셨다.

"여기 있었네, 너 찾느라고 한참이나 헤맸잖아."

"휴, 아빠라서 다행이다. 영화 보는 데 너무 집중해서 공룡한테 잡힌 줄 알았어요."

아빠와 과학관에서 만나기로 했다. 나는 먼저 도착해서 입체영화를 보고 있었다. 제목이 〈소행성 충돌과 공룡의 멸종〉이었는데 얼마나 생생한지 진짜 소행성이 떨어진 줄 알았다.

과학관을 둘러보고 집에 오는 길에도 공룡과 소행성에 대한 궁금증이 머릿속에 맴돌았다.

"아빠, 혹시 지구상에 살아남은 공룡은 없어요? 한번 보고 싶은데…."

"공룡은 화석만 남기고 모두 사라졌어. 대신 소행성은 보여 줄 수 있어. 아빠랑 한번 찾아볼까?"

"네, 좋아요. 꼭 보고 싶어요."

내일 아침 동트기 전에 일어나 아빠와 함께 소행성을 관찰하기로 약속했다.

"우리가 볼 소행성은 베스타라는 소행성인데 미리 알아 둬야 제대로 찾아볼 수 있겠지?"

"네!"

나는 신이 나서 크게 대답했다. 그러고 나서 인터넷으로 베스타에 대한 자료를 찾아 두었다.

베스타는 남한만 하고 소행성 가운데 가장 밝다. 그리고 새벽하늘 전갈자리 위쪽에서 볼 수 있다고 했다. 나는 전갈자리 별 지도도 준비해 놓고 일찍 잠자리에 들었다.

"이제 일어나야지, 소행성 보러 가자."

아빠가 깨워 주셔서 우리는 마당으로 나갔다. 아빠는 쌍안경을 삼각대 위에 놓고 내 눈높이에 맞춰 주셨다. 설레는 마음으로 들여다보았다. 희미한 별 사이로 좀 밝은 것이 눈에 띄었다.

"가운데 제일 밝은 것이 베스타 소행성이란다."

고구마 같이 울퉁불퉁한 모습일 거라고 생각했는데, 아주 작은 점으로 보였다. 크기도 다른 별과 차이가 없었다.

"베스타는 고구마 같이 안 생겼나 봐요."

"너무 멀리 있어서 그렇게 보이는 거야."

"이게 베스타 소행성인지 어떻게 알아요?"
아빠는 아주 쉬운 방법을 알려 주셨다. 소행성도 다른 행성들처럼 별자리 사이를 떠돌아다닌다고 한다. 그러니까 여러 날에 걸쳐 관찰해 보면서 별 사이를 움직이는 걸 찾아내면 되는 것이다.
어느새 하늘이 밝아 오면서 별빛도 힘을 잃어갔다. 베스타 소행성도 쌍안경에서 사라져 버렸다. 별 지도에 소행성의 위치를 잘 표시해 두었다. 내일 새벽에도 다시 관찰해야지. 아빠 말씀대로 소행성이 움직인 걸 내 눈으로 확인하고 싶다.

학교에서 돌아와 놀이터에서 솔이와 모래를 가지고 놀다가 둥근 조약돌 같은 것을 발견했다. 얼른 주워 들어 모래를 털어 냈더니, 하얀 줄무늬가 물결처럼 이어진 조개껍데기였다. 솔이는 손뼉을 치며 말했다.
"야호! 멋진 걸 주웠어."
살짝 만져 보았더니 꽤 묵직한 것이 보통 조개와는 다른 느낌이 들었다.
"엄마, 이거 혹시 오래 전에 살았던 조개의 화석 아닐까요?"
"글쎄, 집에 가져가서 조사해 보자."

조개 화석의 비밀을 캐내려는 연구가 시작되었다. 내가 백과사전을 들춰보는 사이에, 솔이는 돋보기로 조개를 살펴보고 있었다.

인터넷으로 자료를 검색하던 엄마가 큰소리로 말했다.

"드디어 밝혀 냈어. 이 조개는 화석이…, 아니네. 그냥 조개껍데기야."

힘이 쭉 빠졌다. 엄마는 내 어깨를 두드리셨다.

"너무 실망하지 마. 그 대신 엄마가 우주에 떠 있는 화석을 알려 줄게."

정말 우주에 화석이 있을까? 다시 호기심이 생겼다.

"아주 많아. 우리 집만 한 것도 있고, 훨씬 더 큰 것도 있지."

엄마의 말에 점점 궁금증이 커졌다.

"도무지 짐작이 안 되네. 어서 말씀해 주세요!"

"잘 들어. 그건 바로…, 소행성이야."

"소행성? 에이, 그게 무슨 화석이에요. 쳇, 또 실망이야."

"잠깐, 얘기를 끝까지 들어 봐야지. 화석은 먼 옛날의 감춰진 사실들을 알아내는 데 도움을 주잖아. 소행성도 마찬가지라고."
나는 눈을 크게 뜨고 엄마 말씀에 귀를 기울였다.
"46억 년 전쯤, 태양계 행성이 생길 무렵에 작은 돌덩어리들이 많이 있었어."
"알아요. 그것들이 서로 합쳐지면서 덩치 큰 행성이 된 거죠?"
"그래, 맞아. 행성이 된 뒤에도 한동안 혼났지.
뜨겁게 달궈져서 녹아 버리기도 하고, 센 힘을 받아

소행성은 저기 멀리 도망가고 있어

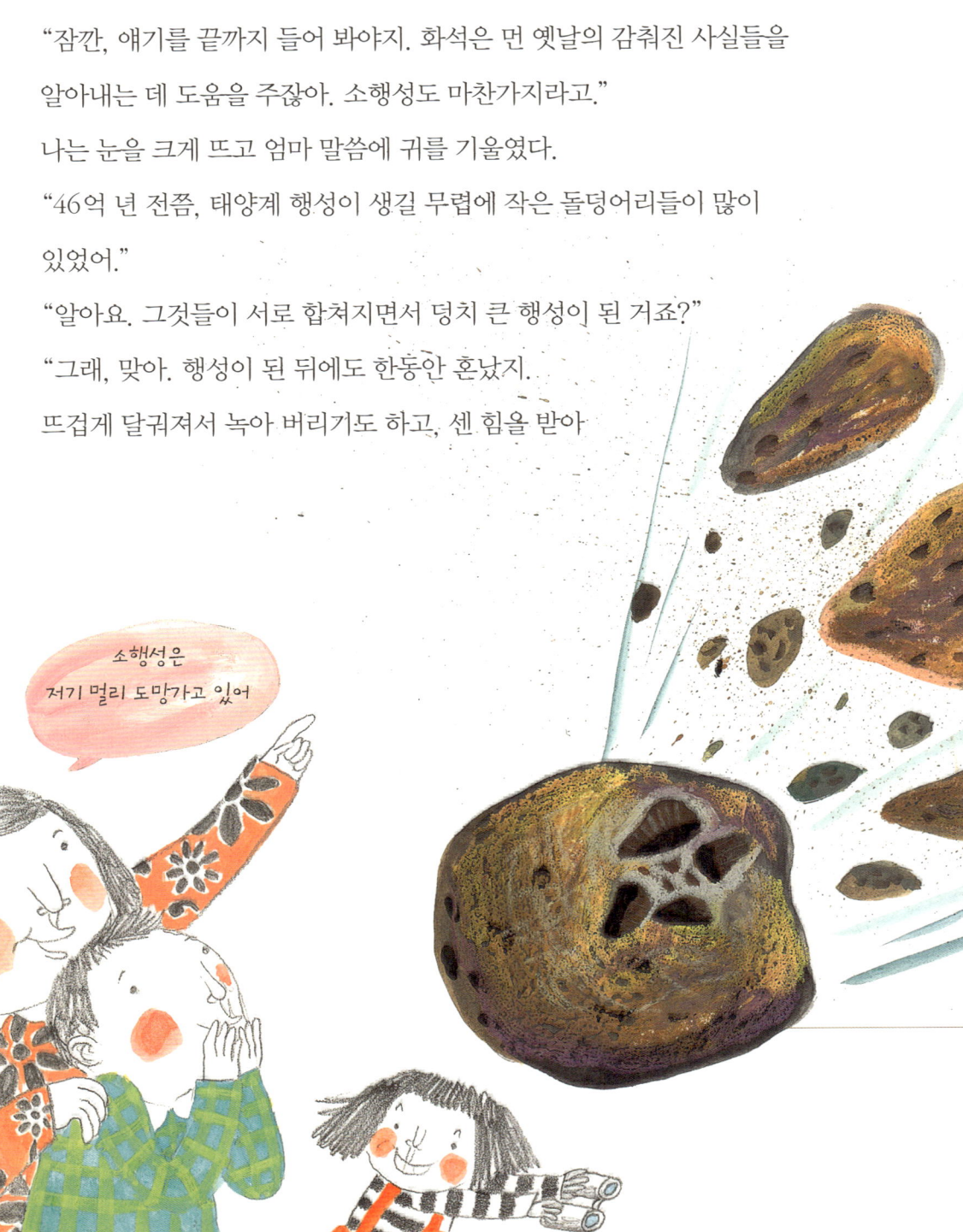

으깨어지기도 했어. 그런 일을 겪고 나면 원래 가지고 있던 성질이 어떻게 될까?"

"음…, 많이 바뀔 것 같아요."

"맞아. 그런데 어떤 것은 덩치 큰 행성으로 합쳐지지 않았어. 그냥 소행성으로 남은 거야. 그래서 수십 억 년 동안 옛 모습을 지켜올 수 있었지. 그러니까 소행성을 화석이라 불러도 되겠지? 잘 연구하면 오래전 태양계가 생겨난 비밀을 푸는 데 큰 도움이 될 거야."

엄마의 이야기를 듣고 나자 소행성에 대한 호기심이 더 커졌다. 초저녁부터 베개 밑에 쌍안경을 잘 모셔 두었다. 일기예보에 내일 아침에 구름이 조금 낀다고 나왔다. 베스타 소행성을 관찰할 수 없을까 봐 걱정이 되었다. 침대에 걸터앉아서 별이 잘 보이게 해 달라고 기도했다. 잠자리에 들면서 베개를 들어 올렸는데, 아뿔싸! 쌍안경이 사라져 버렸다.

"엄마, 쌍안경 못 보셨어요?"

엄마랑 집안 구석구석을 살폈지만 찾지 못했다. 방안을 다시 둘러보는데 솔이가 덮고 있는 이불이 아무래도 이상해 보였다. 배 부분이 불룩 했다. 슬며시 이불을 걷었다.

"아니, 이게 왜 여기 있지?"

잠든 줄 알았던 솔이가 눈을 번쩍 뜨면서 말했다.

"내일 아침까지는 내꺼야. 가져가면 안 돼."

"뭐 할 건데?"

"나도 소행성 찾을 거다. 그래서 예쁜 이름 지어 줄 거야."

"무슨 이름?"

솔이는 베개 옆에 눕혀 놓았던 강아지 인형을 들어 올렸다.

"뽀삐라고 붙여 줄 거야."

"하하하, 알았어. 내일 늦잠자면 안 돼."

한바탕 웃고 났더니 눈이 말똥말똥해졌다. 침대에 누워 우주과학 만화책을 읽었다. 마침 소행성에 대한 이야기도 나왔다. 그런데, 잠이 쏙 달아나 버릴 사실을 알고 말았다. 공룡을 사라지게 만든 소행성 충돌이 앞으로도 일어날 수 있다는 것이다. 무서웠다.

앞으로는 자주 소행성을 관찰해야겠다. 지구와 소행성이 충돌하기 전에 미리 알아내서 대책을 세워야 하니 말이다.

소행성은 우주의 화석

5월 2일 날씨: 바람 솔솔

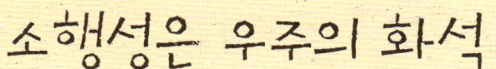

베스타 소행성 자리

새벽에 일어나 베스타라는 소행성을 보았다.

나는 앞으로 일찍 자고 일찍 일어날 것이다.

새벽에 하늘을 관찰해서 소행성을 많이 발견해야겠다.

지구를 소행성과 충돌할 위험에서 구할 수도 있겠지?

소행성을 만나 보자

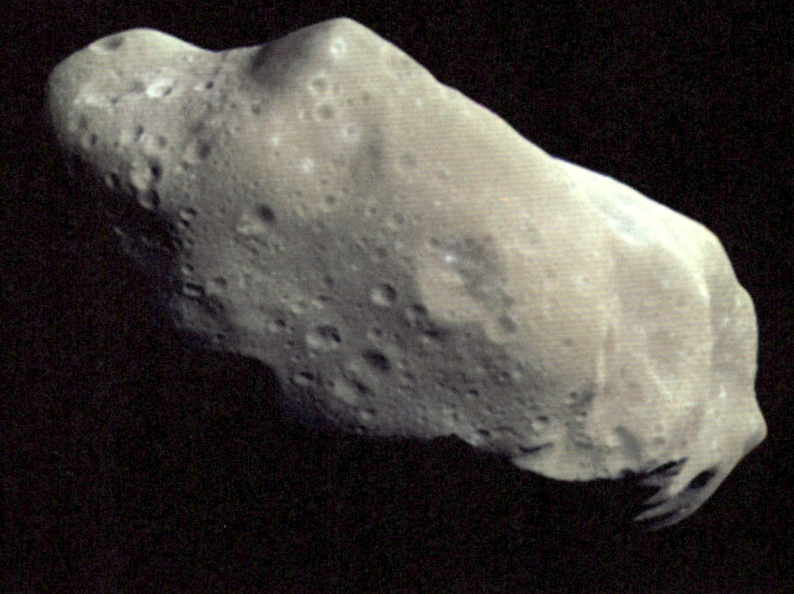

소행성 이다와 댁틸

소행성 이다와 댁틸입니다.
왼쪽의 큰 것이 이다, 오른쪽에 점처럼 보이는 것이 댁틸입니다.
이다의 긴 쪽 지름은 52km입니다. 서울의 동서 지름이
약 40km정도이니 얼마나 큰 소행성인지 알겠죠?
작은 댁틸은 귀여울 것 같지요? 하지만 실제 길이는 1km가 넘는답니다.
우주에는 이렇게 커다란 소행성들이 아주 많아요.

가스프라

고구마 같이 생긴 이것은
'가스프라'라는 소행성입니다.

옆으로 길쭉한 것이 꼭 뼈다귀 같이 생긴 이것은
에로스라는 소행성입니다.
생김새와는 다르게 이름은 '사랑'이라는 뜻이라니 재밌지요?

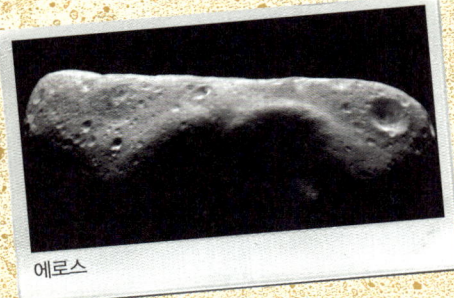
에로스

에로스 소행성이라고 하지.

와! 뼈다귀같이 생겼다!

# 앗! 뜨거워, 앗! 차가워 수성

엄마는 온천을 아주 좋아한다. 온천에서 목욕을 하면 피부도 좋아지고, 몸도 마음도 가벼워지기 때문이란다. 멀리 나들이를 갈 때도 근처에 온천이 있는지 먼저 살펴볼 정도이다.

며칠 전, 동네에서 그리 멀지 않은 곳에 새 온천이 문을 열었다. 엄마는 아주 기뻐했다. 일요일이 되자, 우리 가족은 엄마 손에 이끌려 온천에 갔다.

탕에 들어가기 전에 먼저 비누로 몸을 씻었다. 샤워기 꼭지에는 온도가 표시되어 있었다. 30℃ 쯤에 맞추고 물을 틀었다.

"앗! 뜨거워."

놀라는 소리가 너무 컸는지, 주위 사람들이 모두 쳐다봤다. 조금

쑥스러웠다. 온도를 더 낮추고 다시 물을 틀었다.

"앗! 차가워."

이번에는 아빠가 얼른 다가와서 수도꼭지를 살펴보셨다.

"수도꼭지가 고장이 났구나. 다른 것을 써야겠다."

옆 자리의 수도꼭지로 옮겨 몸을 헹구고 나서 온천물에 퐁당 들어갔다.

"아, 뜨거."

탕에 있는 물은 뜨거웠지만, 아까 고장 난 수도꼭지에서 나온 물보다는 훨씬 나은 편이었다. 나는 아빠 옆에 나란히 앉았다.

"이제 괜찮아?"

"네, 아주 좋아요."

"너무 춥거나, 너무 뜨거우면 견디기 힘들지? 우리 지구도 마찬가지야."

"무슨 말이에요?"

"만약에 지구가 지금보다 태양에 더 가까웠다면 무척 뜨거워졌을 거야. 반대로 더 멀었다면 꽁꽁 얼어 버렸을 거야. 그랬더라면 지구에서 사람이나 다른 생명체는 살 수 없었을 걸."

"알겠어요. 지구가 사람이 살기에 적당한 온도를 가진 곳이란 거죠."
지구와 태양이 적당한 거리에 있어서 다행이라는 생각이 들었다.
"재범아, 태양계에서 가장 뜨거운 행성이 뭔지 아니?"
나는 태양계의 행성 순서는 외우고 있었기 때문에 자신 있게 대답했다.
"수·금·지·화·목·토·천·해. 수성이 태양에 가장 가깝잖아요."
"땡! 틀렸네. 금성이 수성보다 더 뜨거워."
엥? 어째서 그런 거지? 아빤 분명히 지구가 지금보다 태양에 더 가까웠다면 너무 뜨거워서 생명체가 살 수 없을 거라고 했는데…. 그럼 내가 태양계의 행성 순서를 잘못 외우고 있었나? 난 믿을 수 없다는 표정으로 아빠 얼굴을 보았다.
"수성이 태양에서 가장 가까이 있기는 해. 그런데 가장 뜨거운 행성은 아니야. 가장 뜨거운 행성은 금성이지."
"왜 그렇죠? 수성이 금성보다 태양에 더 가깝잖아요."
나는 아무리 생각해도 이해할 수 없었다.

난, 수성.
중력이 약해서
대기가 거의 없지.

추운 겨울에 난로 가까이 있으면 따뜻하고, 멀리 있으면 추운 게 맞는데…. 탕 속에 있어서 내 머리가 잘 안 돌아가는 건가? 아빠는 계속 설명하셨다.

"수성의 표면 온도는 해가 비치는 쪽은 430℃까지 뜨거워지고, 해가 비치지 않는 쪽은 영하 180℃까지 떨어진단다.

하지만, 금성의 표면 온도는 해가 비치든 그렇지 않든 언제나 470℃ 정도야. 그러면 두 행성 중 어느 행성이 더 더울 것 같니?"

"그렇다면 표면 온도가 항상 높은 금성이겠죠. 그런데 금성은 표면 온도가 왜 그리 높은 거예요?

"그건 금성의 중력이 세기 때문이야."

"금성의 중력이 세다고요?"

난, 금성. 중력이 세서 대기가 두껍고 이산화탄소가 많아서 뜨겁지.

중력에 대해서는 책에서 읽어서 잘 알고 있다. 중력은 우리 몸과 공기, 바닷물 등이 지구 밖으로 달아나지 않게 지구가 중심으로 끌어당기는 힘이다. 그런데 중력은 지구에만 있는 거 아닌가?

"금성에도 중력이 있단 말이에요?"

"그럼. 모든 행성에는 중력이 있어. 그 세기만 조금씩 다를 뿐이지. 중력이 세면 셀수록 공기를 많이 붙잡아 둘 수 있단다. 그 중에 이산화탄소는 태양으로부터 받은 열을 행성에 꽉 붙잡아 두는 역할을 하지."

중력이 센 금성은 공기층(대기)에 이산화탄소가 많기 때문에 열을 잘 붙잡아 둘 수 있고, 우리 태양계에서 가장 뜨거운 행성이 된 것이다. 뜨거운 행성 이야기를 하니 몸이 더 더워지는 것 같았다. 서둘러 온천욕을 끝내고 밖으로 나와 시원한 바람을 맞았다. 밖에서 한참 기다렸더니 엄마와 솔이가 나왔다.

"왜 이렇게 오래 씻어요? 배고파요."

엄마 얼굴을 보니 더 배가 고파졌다.

집에 오자마자 부엌으로 달려가 저녁 식사 준비를 도왔다. 빨리 밥을 먹으려면 돕는 수밖에 없다. 그런데 냉장고에서 재료를 찾던 엄마가 놀란 듯이 말씀했다.

"어머! 여기 수성이 들어 있네."

온천에서 아빠한테 들은 이야기가 생각나 귀가 번쩍 뜨였다. 식탁 위에 수저를 놓다 말고 얼른 냉장고로 달려갔다.

"쳇! 속았네. 감자잖아요."

"속았다고? 좋아, 이번에는 진짜 수성을 보여 주지."

엄마는 후다닥 방으로 들어가셨다. 솔이와 나도 뒤따랐다.

"여길 봐, 수성이야. 신기하지?"

엄마가 보여 준 책에는 동그랗고 구덩이가 잔뜩 파인 사진이 있었다.

"엄마, 제가 또 속을 줄 알아요? 이건 달이잖아요."

"글쎄, 눈 크게 뜨고 잘 읽어 봐."

"달과 비슷한 모습을 한 수성의 표면…."

이럴 수가! 달과 수성이 이렇게 닮았다니. 호기심에 몇 장을 더 읽었다. 책에는 수성이 달보다 조금 더 크다고 써 있었다. 둘 다 대기가 거의 없고, 비가 오거나 바람이 불지도 않는단다.

더군다나 지진이나 화산활동 같은 것은 오래전에 멎었다고 했다. 그래서 한번 만들어진 흔적은 시간이 흘러도 별로 바뀌지 않은 채 남을 수 있었다.

수성과 달에 생긴 충돌 구덩이들도 세월이 흐르면서 늘어난 것이다.

"꼬르륵."

수성 사진을 보여 준다는 엄마 말씀에 넘어가 배고픔도 잠깐 잊었다.

"배고파요!"

"알았어, 이거 하나만 얘기하고 바로 밥 먹자."

그러면서 엄마는 한 손에 감자를, 다른 손에는 좁쌀 한 톨을 들고 말씀하셨다.

"수성의 크기가 감자만 하다고 상상해 보자. 만약 좁쌀만 한 소행성이 수성에 부딪히면 어떻게 될까?"

"충돌 구덩이가 생겨요."

"그럼, 구덩이는 얼마나 클까?"

"좁쌀만 하겠죠."

"자, 보여 줄게. 놀라지 마."

엄마는 감자의 일부분을 구덩이처럼 도려냈다. 50원짜리 동전 크기였다. 좁쌀 지름의 10배가량 되었다.

"좁쌀만 한 소행성이 부딪혔는데, 구덩이가 그렇게 커요?"

"그럼. 덩치는 작지만 굉장히 빠른 속도로 떨어지기 때문에 수성 표면에 부딪히는 힘은 엄청나단다."

실제로 그런 일이 수성에서 일어났다고 한다. 소행성이 충돌해서 수성에는 '칼로리스'라고 부르는 큰 충돌 구덩이가 만들어졌다고 한다. 칼로리스의 지름이 1,300km 정도라니까, 남한과 북한을 합한 길이와 맞먹는다. 그때의 충돌이 얼마나 강했는지, 수성의 반대쪽까지 충격이 전해져서 쭈글쭈글 주름 잡힌 지형이 만들어졌다고 한다.
좁쌀만 한 소행성이 수성 감자를 이렇게 만들다니.
옆에서 이야기를 듣고 있던 솔이가 물었다.

"엄마, 배고파. 이 감자 먹을 수 있는 거야?"

"그래, 맛있을 거야. 된장국에 넣어 먹자."

솔이는 감자를 들어 보이며 말했다.

"와! 신난다. 오늘은 수성 감자를 먹는 거야?"

"하하하!"

엄마와 나는 마주 보며 웃었다.

숙제를 끝내고 잠자리에 들었다. 눈을 감으니 문득 저녁 식사 전에 봤던 소행성 좁쌀이 감자 수성에 만든 큰 구덩이가 생각났다.

'작은 고추가 맵다.' 소행성이 작다고 절대 얕보면 안 되지.

태양계 행성들의 표면 온도는 얼마나 될까?

행성 이름	표면 온도	행성 이름	표면 온도
수성	−180~430℃	목성	−110℃
금성	470℃	토성	−170℃
지구	−30~30℃	천왕성	−210℃
화성	−100~20℃	해왕성	−230℃

수성에 갈 땐 우주복이 두 벌 필요해

6월 10일   날씨 : 초여름 바람이 산들산들

수성 탐험을 할 때는 커다란 옷가방을 준비해야 한다.

왜냐하면 우주복을 두 벌 가져가야 하기 때문이다.

수성의 낮은 아주 덥고, 밤은 아주 춥다.

아차! 혹시 모르니까 감기약도 가져가야지.

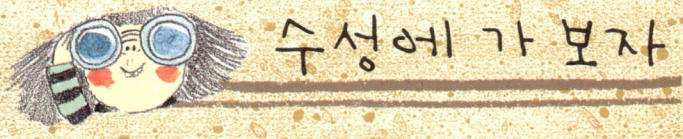

수성에 가 보자

수성

칼로리스 분지

행성이나 달 표면에 있는 움푹 팬 구멍을
크레이터라고 하는데, 운석이 충돌하거나
화산이 폭발해서 생긴 것입니다.
칼로리스 분지는 수성에서 가장 큰
크레이터입니다. 칼로리스 분지가 생길 때
얼마나 충격이 심했는지,
남북한을 합한 크기의 동심원이 생겼답니다.

수성 표면에는 불가사리 모양의 땅이 있어요.
이것은 운석이 부딪힐 때 튀어나온 물질이
사방으로 퍼지면서 만들어졌답니다.

으악!
불가사리다!

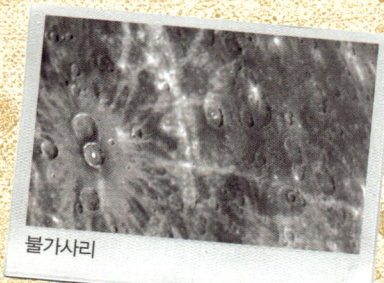
불가사리

크레이터 한 가운데에 뾰족한 산이 보이나요?
덩치 큰 운석이 떨어지면 그 충격이 아주 커요.
그래서 큰 폭발이 일어나고 크레이터 가운데가
뾰족한 산 모양으로 솟구쳐서 이런 모습이 된답니다.

뾰족산 크레이터

평원

여긴 되게
조용할 것 같다.

평원은 평평한 곳을 말해요.
수성에 있는 평원에는 크레이터가
다른 부분보다 적답니다.

낮에도 볼 수 있는 금성

아, 기다리고 기다리던 여름 방학이다! 어젯밤, 막히는 고속도로를 뚫고 강원도 동해의 할머니 집에 도착했다.

아침 일찍부터 사촌 재민이 형과 바다에 갈 준비를 하느라 바빴다. 수영복, 물안경, 튜브, 그리고 조개를 주워 담을 통까지 챙겼다. 형과 나는 솔이를 데리고 먼저 차에 올랐다. 아빠도 눈을 비비며 운전석에 앉으셨다. 지난밤 늦게까지 운전하느라 잠이 부족하신 것 같았다.

'어쩌지? 졸음운전 하시면 안 되는데…'

우리 셋은 아빠 귀에 대고 큰 소리로 외쳤다.

"바다로 출발!"

맑은 하늘에 햇볕이 쨍쨍 내리쬐었다. 얼마나 더운 날인지 에어컨을 틀었어도 차 안은 뜨거웠다.

"오빠, 여름에는 왜 이렇게 더워?"

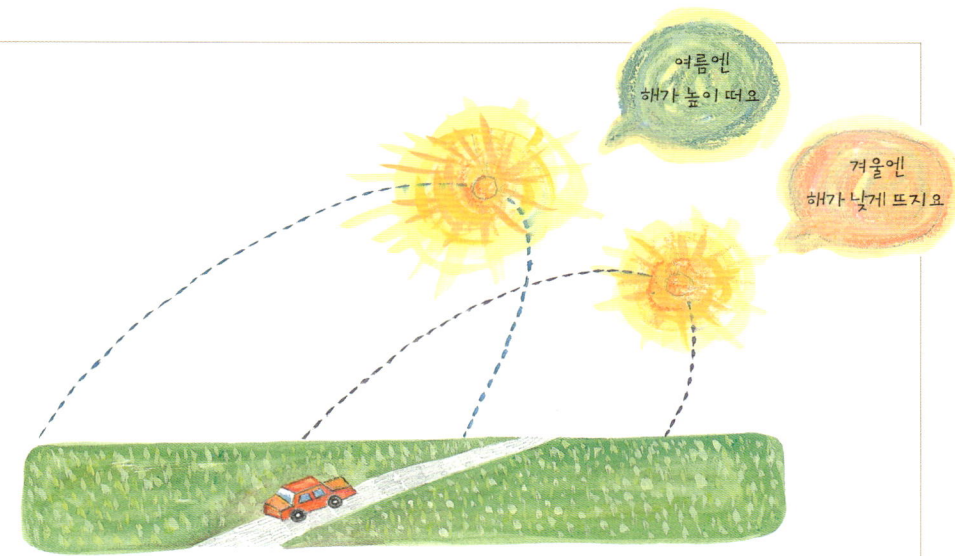

"글쎄…, 왜 덥지?"

솔이의 갑작스런 물음에 뭐라고 말해야 할지 막막했다. 재민이 형이 그것도 모르냐는 듯 큰소리로 말했다.

"여름에는 태양과 지구가 가까워지니까 더운 거야."

"형, 그럼 겨울에는 태양과 지구가 서로 멀어지니까 추운 거야?"

"당근이지!"

그런데 갑자기 아빠의 웃음소리가 들렸다.

"하하하! 얘들아, 그거 틀렸다."

형과 나는 머쓱해졌다.

"여름에는 낮이 길어. 아침 일찍 해가 떠서 저녁 늦게 지잖아. 또

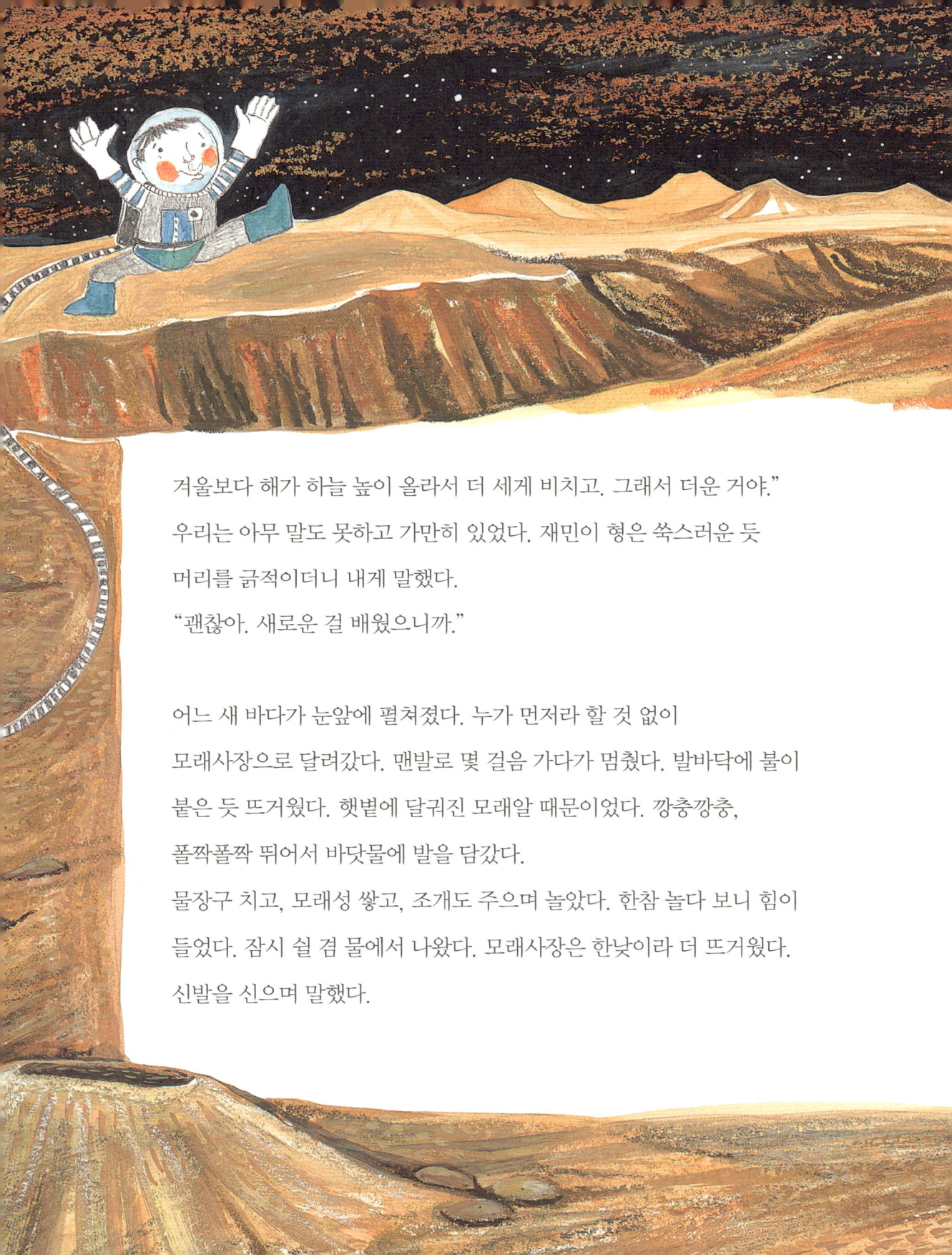

겨울보다 해가 하늘 높이 올라서 더 세게 비치고. 그래서 더운 거야."
우리는 아무 말도 못하고 가만히 있었다. 재민이 형은 쑥스러운 듯 머리를 긁적이더니 내게 말했다.
"괜찮아. 새로운 걸 배웠으니까."

어느 새 바다가 눈앞에 펼쳐졌다. 누가 먼저라 할 것 없이 모래사장으로 달려갔다. 맨발로 몇 걸음 가다가 멈췄다. 발바닥에 불이 붙은 듯 뜨거웠다. 햇볕에 달궈진 모래알 때문이었다. 깡충깡충, 폴짝폴짝 뛰어서 바닷물에 발을 담갔다.
물장구 치고, 모래성 쌓고, 조개도 주으며 놀았다. 한참 놀다 보니 힘이 들었다. 잠시 쉴 겸 물에서 나왔다. 모래사장은 한낮이라 더 뜨거웠다. 신발을 신으며 말했다.

"형, 아빠가 그러는데, 금성이 제일 뜨거운 행성이래. 거기로 우주여행 가려면 특수 신발을 신어야겠지?"

"신발뿐 만 아니야. 우주복도 잘 만들어야 될 걸. 금성은 공기가 두꺼워서 기압이 아주 세거든."

"기압이 뭐야?"

"음…, 공기가 누르는 힘이야."

"아, 알 것 같아. 그럼, 물의 압력은 수압이라고 하겠네?"

"역시, 나를 닮아 똑똑해. 더 놀라운 걸 알려 줄게. 금성 표면의 기압은, 지구의 바닷속 900m 깊이의 수압과 비슷해. 엄청나게 센 거야."

이번에는 무슨 뜻인지 잘 몰라서 멀뚱거리며 형을 보았다. 형은 옆에 있던 비닐봉지를 주워 들고 바다로 나갔다. 내 손에 비닐봉지를 씌우고 바닷물에 담그자 장갑처럼 손에 철썩 달라붙었다.
"더 깊이 담그면 더 조이겠지. 수압이 세지는 거라고. 그래서 바다 깊숙이 들어가려면 아주 튼튼한 잠수함을 만들어야 해."
가만히 생각해 보니, 금성 탐사선을 만들려면 우선 잠수함을 공부해야겠다. 금성이 그렇게 무시무시한 곳인지 처음 알았다.

"너 대낮에 금성 본 적 있니?"

"밝은 대낮에 어떻게 금성이 보여. 형, 더위 먹은 거 아냐?"

재민이 형은 내 말은 들은 척도 안 하고 말을 이어갔다.

"하늘에서 가장 밝은 건 태양이야. 그 다음은 달이고. 저길 봐."

형이 손가락으로 하늘을 가리켰다. 낮인데도 하얀 반달이 걸려 있었다.

"세 번째로 잘 보이는 게 금성인데 아주 밝아졌을 때는 낮에도 보여."

나는 하늘을 이리저리 둘러보았지만 파란 하늘에 뭉게구름만 지나갈 뿐이었다. 재민이 형에게 금성을 찾아 달라고 졸랐다. 형은 금성을 찾느라 두리번거리고 나서 말했다.

"지금은 안 보이네. 이상하다, 학교 운동장에서 과학 선생님이랑 분명히 봤는데…."

형은 거짓말이 아니라는 듯이 눈에 힘을 주어 얘기했지만, 나는 형의 말을 믿을 수 없었다.

"얘들아, 밥 먹으러 오너라."

할머니가 부르는 소리에 냉큼 일어나 달렸다. 아빠가 직접 딴 홍합으로 맛난 죽을 끓여 주셨다.

물놀이를 한 뒤라 그런지 정말 맛있었다. 게눈 감추듯이 먹고 있는데, "앗! 개밥!" 하고 재민이 형이 소리쳤다.

잘 먹고 있던 솔이는 숟가락을 슬며시 놓으며 말했다.

"오빠, 이거 개밥이야? 나 안 먹을래."

"그게 아니고…."

할머니가 순둥이 먹이 주라고 하셨는데, 재민이 형이 깜빡하고 개밥그릇을 장독대 위에 그냥 올려놓고 왔다는 것이다. 순둥이는 아무도 없는 집에서 개밥그릇을 바라보며 하루 종일 굶고 있을 거다.

서쪽 하늘에 해가 낮게 걸렸다. 뉘엿뉘엿 그림자가 깔리고 햇살도 누그러졌다.

집으로 오는 길, 동네 어귀서부터 순둥이 짖는 소리가 들렸다. 할머니는 대문을 열고 들어서자마자 서둘러 순둥이 밥을 챙기셨다. 어두워진 하늘에 살며시 별들이 나타났다. 할머니가 손으로 별 하나를 가리키셨다.

"저기, 마침 개밥바라기가 보이네."

솔이가 이상하다는 눈빛으로 그 별을 바라보았다.

"개밥바라기? 할머니, 무슨 별이름이 그래?"

재민이 형도 한마디 거들었다.

"저건 금성 같은데요?"

"할머니가 어렸을 적에는 개밥바라기라고 불렀어. 농사일을 마치고 저녁때쯤 집에 오면 개가 밥 달라고 짖을 때 보이는 별이라서 그렇단다."

금성에 개밥바라기 같은 재미있는 별명이 붙어 있는 걸 처음 알았다. 잊어버리기 전에 얼른 종이에 받아 적었다.

할머니가 알려 주신 건데, 금성에는 그것 말고도 또 다른 이름이 있었다. 새벽 동쪽 하늘에 보일 때는 샛별, 저녁 서쪽 하늘에 보일 때는 태백성이라고 부른단다.

"할머니, 혹시 대낮에 개밥바라기 별 보신 적 있어요?"

"글쎄, 못 봤는데. 하지만 개밥바라기가 아주 밝긴 하지. 할머니가 어렸을 적에는 우리 동네에 전기가 들어오지 않아서 밤이 되면 사방이 깜깜했어. 달빛이 없는 그믐날에 고개 너머 이웃 마을에라도 다녀오게 되면 굉장히 무서웠지. 그런데 그때 하늘에 개밥바라기가 턱 걸려 있으면 안심이 됐어. 하늘에 걸린 등불같이 빛이 참 밝았거든."

할머니 이야기를 들어 보니 어쩌면 낮에 금성을 볼 수 있다는 재민이 형의 말이 사실인 것 같기도 했다. 마침 아빠가 마당에 나오시기에 물어 보았다. 역시 짐작한 대로였다. 금성은 낮에도 보인다고 알려 주셨다. 그리고 내일 낮에 하늘에서 찾아 주겠다는 약속도 받아냈다. 방에 들어와 옷을 갈아입으려는데 바지 주머니에서 모래가 한 움큼 만져졌다. 바다에서부터 따라왔나 보다. 손을 넣어 모래를 털어 냈는데도 무언가 손바닥에 남아 있는 느낌이 들었다. 눈 가까이 대 보니, 반짝이는 금빛 모래알이었다. 금성의 밝은 빛이 이런 모습일까?

금성의 하루는 1년 보다 길다?
지구의 하루는 24시간, 1년은 365일이에요. 그런데 금성의 하루는 1년보다 더 길대요. 무슨 소리냐고요? 태양계의 모든 행성은 자전(스스로 도는 운동)과 공전(태양을 중심으로 도는 운동)을 해요. 이때 자전에 걸리는 시간을 하루, 공전에 걸리는 시간을 1년이라고 하죠. 그런데 금성은 자전 주기가 243일, 공전 주기가 225일이니 하루가 1년보다 더 길 수밖에 없겠죠?

잠수함 타고 우주로!!

7월 28일   날씨: 햇볕은 쨍쨍 모래알은 반짝

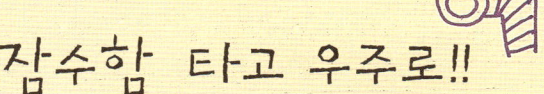

오늘은 멋진 발명품을 생각해냈다. 잠수함을 조금 손보면 금성의 엄청난 기압을 견디는 탐사선을 만들 수 있다.
내일 학교에 가서 선생님께 알려 드릴 거다.
나는 어린이 우주 과학자인 것 같다.
헤헤, 기분이 좋다.

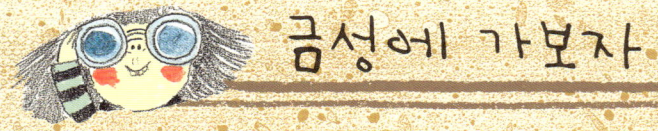
금성에 가보자

어느 게 진짜 금성일까요? 셋 다 금성이랍니다.
큰 사진은 땅의 높낮이를 색으로 구분해 둔 것입니다. 밝고 붉은 색은 높은 곳이고 어둡고 보라색인 곳은 낮은 곳이에요. 아래쪽의 작은 사진 중에서 왼쪽은 두터운 대기로 덮여 있는 금성의 사진이고, 오른쪽은 탐사선이 금성 둘레를 돌면서 레이더를 이용해 얻은 데이터를 가지고 만든 사진입니다.

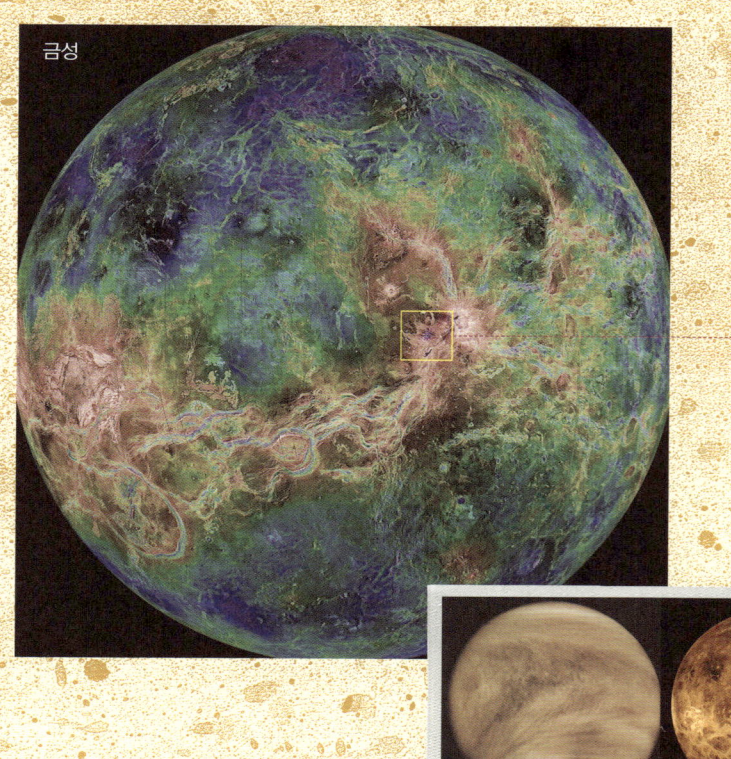

금성

대기로 덮인 금성   레이더로 찍은 금성

마트화산

사진의 가운데에 밝고, 산처럼 솟아올라 있는 부분이 마트 화산입니다. 사진 아래쪽에 밝은 부분은 용암이 흘러내린 흔적입니다.

내 꿀꿀이 인형이랑 많이 닮았네.

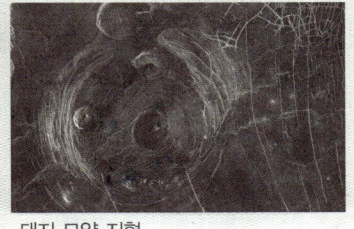
돼지 모양 지형

돼지처럼 생겼죠?
이 모양은 금성의 땅속 깊은 곳에서
뜨거운 물질이 땅 표면을 밀어 올리면서 생겼답니다.

벌레같이 생겨서 징그럽다고요? 너무 놀라지 마세요.
이건 그저 금성에 있는 벌레처럼 생긴 신기한 지형일 뿐이랍니다.
이 모양도 화산이 폭발하면서 만들어졌어요.

벌레 지형

우주의 달리기 선수, 별똥별과 혜성

엄마가 술래였다. 마당의 느티나무에 얼굴을 대고 외쳤다.
"무궁화 꽃이 피었습니다."
나와 솔이는 재빨리 두어 걸음 다가섰다. 한 발만 더 가면 될 것 같았다. 엄마는 씩 웃으며 고개를 돌렸다.

"무궁화 꽃."

엄마 다리를 툭 치고는 얼른 뒤돌아 뛰었다. 하지만 몇 걸음 못가 넘어지고 말았다. 앞서 가던 솔이를 피하려다 발걸음이 엉킨 것이다. 솔이도 덩달아 쓰러졌다. 폭신한 풀밭이라 다치지는 않았다. 엎드린 채 솔이와 눈을 한번 맞추고 풀밭에 가만히 있었다. 엄마는 걱정스러운 듯 달려와서 우리 둘의 몸을 흔들었다.

"괜찮지롱! 헤헤."

우리는 방긋 웃으며 눈을 떴다. 엄마는 그럴 줄 알았다며 웃는 얼굴로 풀밭에 함께 누웠다. 창문으로 내다보던 아빠가 사진기를 들고 나와서 엄마 팔을 베개 삼아 누워 있는 우리 모습을 찍었다.

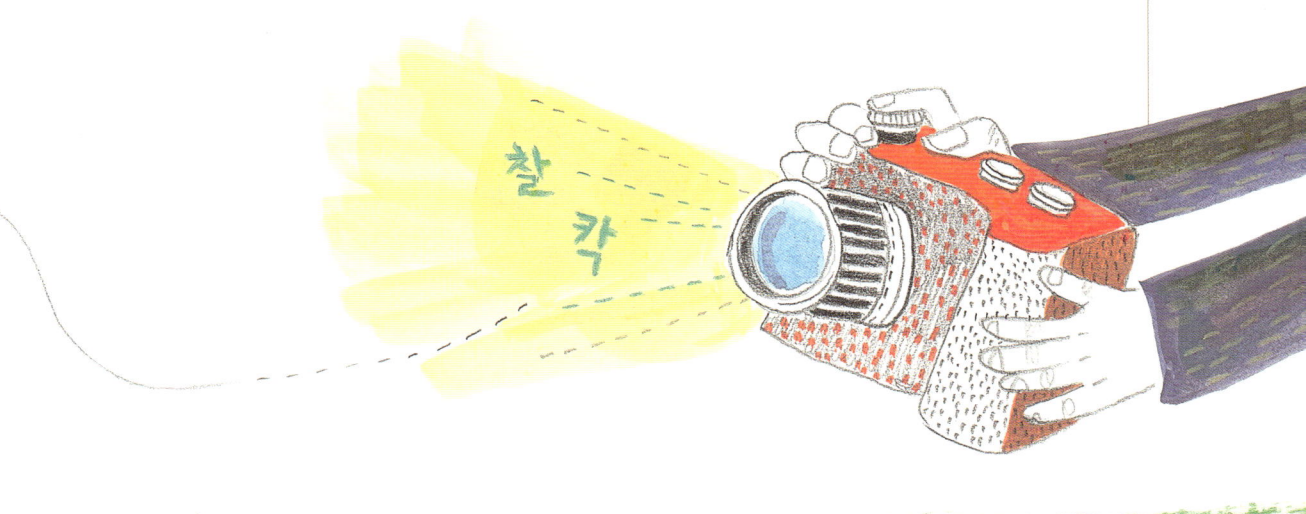

해가 높이 오르면서 더운 바람이 불어왔다. 이마에 맺힌 땀방울이 볼을 타고 흘러 내렸다. 솔이는 여전히 신이 나서 '무궁화꽃놀이'를 더 하자고 졸랐다.

"아빠가 새로운 놀이를 알려 줄게!"

우리는 나무 밑 그늘에 둘러앉았다. 아빠의 사진기에서 '찰칵' 하는 소리가 났다.

"이게 1초야. 찰칵 하는 1초 동안에 열자로 된 '무궁화꽃이 피었습니다.'를 모두 말하는 거야. 누가 먼저 해 볼래?"

'1초 동안에 열 자를 다 말할 수 있을까?' 그런데 몇 번 연습해 보니까 정말로 가능했다. 내가 평소에 생각하던 것보다 1초가 꽤 길었다.

"아빠, 그런데 이 놀이는 왜 하는 거예요?"

"잘 알아 두면 나중에 써먹을 일이 생길거야."

솔이는 점심 내내 '무궁화꽃이피었습니다.'를 중얼거리며 다녔다. 밖에 나가 신나게 놀고 싶었지만 날씨가 무더워서 친구들이 나오지 않았다. 하는 수 없이 선풍기를 곁에 두고 솔이와 블록 놀이를 했다. 며칠 전 만화책에서 본 비행선을 멋지게 완성하기 직전, 한쪽 날개로 쓸 블록이 모자랐다. 아깝다, 블록 하나만 더 있었어도….

'그렇지, 다음 달이 내 생일이구나!'

"엄마, 소원이 있는데요. 제 생일 선물로 블록을 받고 싶어요."
"전에 책 선물을 받고 싶다고 말한 것 같은데?"
"히히, 둘 다 받으면 좋겠어요."
인형놀이를 하던 솔이도 귀를 쫑긋 세우며 엄마한테 매달렸다.
"나도 소원이 있어. 강아지 인형하고 소꿉놀이가 갖고 싶어."
"우리 집 꼬마들이 바라는 게 많네. 어떡하지? 이참에 여러 가지 소원을 모두 이루는 방법을 알려 줄까?"
"아니, 그런 방법이 있어요? 어서 말씀해 주세요."
엄마는 공짜로는 알려 줄 수 없다고 하셨다. 솔이와 나는 엄마의 팔다리를 300번씩 주물렀다. 그러고 난 뒤, 잔뜩 기대를 하고 엄마의 말을 기다렸다.
"별똥별 떨어질 때 소원을 빌면

이루어진다는 말 들어 봤지."

"하지만 별똥별을 본 적이 별로 없는데요. 자주 떨어지지도 않고 보기도 어렵잖아요."

"사실은 말이야. 별이 잘 보이는 곳에서는 한 시간에 서너 개 씩 별똥별을 볼 수 있어. 엄마는 어렸을 때, 소원 빌 것이 생기면 동네에 있는 산으로 올라가 별똥별을 찾아보았지. 아주 쉬워! 우리 오늘 밤엔 별똥별 보러 갈까?"

우리 가족은 늦은 밤에 차를 타고 집을 나섰다. 아빠는 집에서 그리 멀지 않은 곳에 있는 산으로 간다고 했다. 한참 달리다 보니 주변이 점점 어두워졌다. 포장도로를 빠져나와 흙길로 들어섰다. 차가 뒤뚱거리는 것이 꼭 놀이기구를 탄 느낌이었다. 정상 가까이에 평평한 곳을 찾아 차를 세웠다. 산 아래로 보이는 도시의 불빛이 마치 별

같았다.

"오늘 밤은 소원을 여러 개 빌어야 할 거야. 별똥별이 많이 떨어질 거니까."

"걱정 마세요. 벌써 여러 개 생각해 두었어요."

돗자리를 펴고 그 위에 다리를 쭉 뻗고 누웠다. 별이 잘 보였다. 아는 별자리도 몇 개 눈에 띄었다. 이리저리 눈동자를 굴리며 하늘을 보았다.

"와! 별똥별이다."

"어, 저기도 하나 지나갔어요."

"뭐해, 어서 소원을 빌어야지."

우리의 목소리에 놀란 듯 별똥별은 더 빨리 지나가는 것 같았다.

솔이와 나의 눈은 열심히 별똥별을 쫓아다녔다.

소원 빌기가 바닥날 쯤 이었다. 아빠는 별을 하나씩 가리키며 별자리 이야기를 해 주셨다. 솔이는 어느새 꿈나라로 가 버렸다.

"아빠, 별똥별로 체험 학습 보고서를 쓰고 싶어요."

"좋은 생각인걸, 내가 도와줄게."

아빠 말씀이 끝나기가 무섭게 별똥별 하나가 휙 지나갔다.

"방금 떨어진 별똥별, 무슨 색이었어?"

"파란색이요."

나는 재빨리 별똥별의 색을 관찰 노트에 적었다. 별똥별의 색은 떨어지는 속도에 따라 달라진다고 한다. 빨리 떨어지는 별똥별은 뜨겁게 불타기 때문에 파란색이고, 조금 느리게 떨어지는 것은 덜 뜨거워서 노랗거나 붉은 빛을 낸다고 한다. 물론 이 사실도 관찰 기록장에 잘 옮겨 적었다.

"떨어진 방향은 어느 쪽이지?"

"저… 쪽….".

산 너머로 떨어졌는데, 그 방향이 어느 쪽인지 몰라 말끝을 흐렸다. 아빠는 북쪽 하늘을 지키는 유명한 별, 북극성을 가지고 방향 찾는 법을 가르쳐 주셨다. 나는 북극성을 마주 보고 서서 양팔을 벌렸다. 오른손 방향은 동쪽, 왼손 방향은 서쪽, 뒤통수는 남쪽이라고 했다.

"방향 찾는 게 굉장히 간단하네요? 그리고 조금 전의 별똥별은 동쪽으로 떨어졌어요."

"잘한다. 아주 멋진 보고서가 만들어지겠는데. 자, 그럼 몇 초 만에 떨어졌지?"

"네? 너무 순식간이라…. 그렇게 짧은 시간을 무슨 수로 재요."

"바로 이럴 때 쓰는 방법이 있지."

아빠는 돗자리에 벌러덩 누우시더니 "무궁화꽃이피었습니다."를 두어 번 외치셨다. '아빠가 왜 저러시지?' 하고 고개를 갸우뚱거리고 있는데 별똥별 하나가 지나갔다. 동시에 아빠는 "무궁화꽃이" 하더니 멈추었다. 그리고 "0.5초"라고 말했다. 잠시 후 또 하나가 떨어지자 "무궁화꽃이피었" 하더니 "0.7초"라고 했다.

'아하! 아까 낮에 읊었던 "무궁화꽃이피었습니다."가 이때 필요한 거였구나.'

별똥별이 또 휙 지나갔다. 나도 따라해 보았다. '무궁화'에서 멈췄다.

"이번엔 정말 빨리 지나갔어요. 별똥별이 0.3초 만에 떨어진 거 맞죠?"

"재범이, 제법인데! 바로, 그렇게 하는 거야."

아빠와 나는 손뼉을 마주치며 좋아했다. 별똥별 시간 재기는 아주 재미있고 쉬웠다.

그러니까 우선 1초 동안에 '무궁화꽃이피었습니다.'라고 열 자를 말하는 연습을 미리 해 두는 것이 좋다. 그리고 별똥별이 보일 때 말하기 시작해서 사라질 때 멈추면 된다. 관찰 방법까지 적어 놓고 보니 아주 멋진 별똥별 관찰 보고서가 완성되었다.

엄마 옆으로 가서 팔베개를 하고 누웠다. 뿌듯한 마음으로 하늘을 바라보았다.

"그런데, 궁금해요. 오늘은 왜 이렇게 별똥별이 많이 떨어져요?"

"왜 그럴까? 비밀을 풀려면 우주 탐험을 해야 해. 눈을 감아 볼래?"

엄마와 나는 '상상 우주선'을 타고 날아올랐다. 하늘 높이 올라 달과 목성, 토성을 넘어서, 더 멀리, 더 빠르게 달려 태양계 끄트머리에 다가갔다.

"우리 우주선은 태양계의 가장자리를 둘러보고 있어. 태양계를 둥글게 감싸고 있는 것이 보일거야. 무엇인지 알려 줄게. 따라해 봐."

"울퉁불퉁."

"울퉁불퉁."

엄마 말을 이어 받았다.

"못 생긴."

"못 생긴."

다음 말이 무얼까 궁금해 하는데 뜻밖에도,

"감자!"

오르트구름 지대

태양계

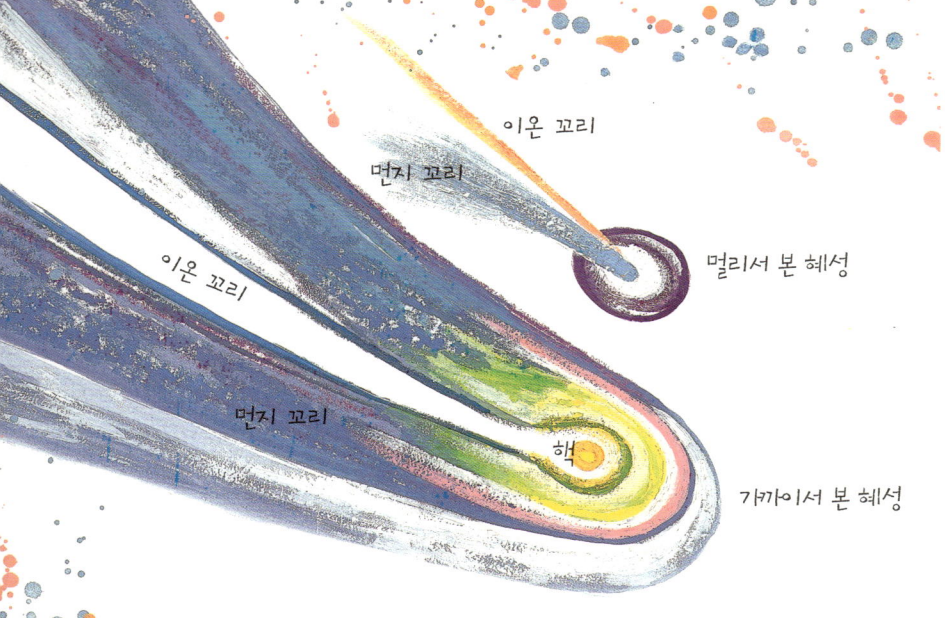

"아니, 태양계 가장자리에 감자가 있단 말이에요?"
"호호! 장난이었어. 다시 알려 줄게. 사실은 울퉁불퉁 못생긴 감자 모양의 얼음 덩어리가 모여 있지. '오르트구름 지대'라고 해. 그런데, 이 얼음 덩어리가 한참을 달려서 태양 가까이 오면 어떻게 될까?"
"태양은 뜨거우니까 얼음이 녹을 걸요."
"그래, 바로 그거야. 녹으면서 얼음 덩어리 속에 있던 먼지나 가스가 뿜어져 나온단다. 그러고 나서 긴 꼬리를 만들지. 그게 뭔지 아니?"
"음, 꼬리 달린 거라…. 생각났어요. 혜성, 혜성이다."
과학책에서 혜성 꼬리 사진을 볼 때면 멋있기도 하고 궁금하기도 했는데, 고작 얼음 덩어리에서 나온 먼지와 가스였다니…. 그렇지만,

멀고 먼 우주를 여행하여 날아오는 걸 보면 대단한 녀석이기도 하다.

"혜성이 아무 데서나 오는 것이 아니었네요."

"응, 우리 태양계 가장자리를 지키던 얼음 덩어리지."

태양에 다가왔던 혜성들은 다시 고향을 찾아 날아가지만, 어떤 것은 방향을 바꾸어 수십 년 혹은 수백 년에 한 번씩 태양 주위로 돌아오기도 한다.

"자, 태양 둘레를 계속해서 도는 혜성을 떠올려 봐, 혜성이 지나다니는 자리에는 무엇이 남을까?"

"혜성 꼬리에서 나온 먼지 알갱이?"

"맞았어! 그런데 잘 생각해 보면, 우리 지구도 태양 둘레를 돌잖아. 만약 지구가 혜성이 뿌려 놓은 먼지 지역을 지난다면…."

"먼지들이 지구로 많이 떨어지나요?"

"그렇지."

혜성에서 나온 먼지 부스러기들은 지구 중력에 붙들려 아주 빠르게 떨어진다. 그리고 대기권과 만나게 되면 공기와 부딪혀 뜨거워지며 불타 버린다. 바로 **별똥별**이 생기는 원리였다.

하늘을 올려다보았다. 때맞추어 별똥별 하나가 지나갔다.

"와! 그럼 저 별똥별이 혜성의 먼지 부스러기란 말이네요."

엄마는 고개를 끄덕였다. 그리고 내 손을 잡더니 하늘을 향해 함께 흔들었다.

"혜성 안녕! 별똥별 안녕!"

이젠 혜성을 보면 더 넓은 우주를 상상하게 될 것 같다. 먼 우주를 가로질러, 길고 긴 시간을 여행해 우리를 찾아온 얼음 덩어리 혜성. 그 혜성의 부스러기가 지구에 닿아 우리에게 아름다운 빛, 별똥별을 보여 준다니.

아빠가 달력에 1년 중에 오늘처럼 별똥별이 많이 떨어지는 날을 표시해 주셨다. 소원을 빌고 싶은 친구들에게 꼭 알려 줘야지.

별똥별에 소원을 빌어요

8월 12일　날씨: 까만 하늘, 맑은 별빛

태어나서 가장 많은 별똥별을 본 날이다. 소원을 열두 가지나 빌었다.

어떤 소원이냐고? 아무에게도 안 가르쳐 줄 거다.

히히, 나만의 비밀이니까.

모두 이루어 졌으면 정말 좋겠다.

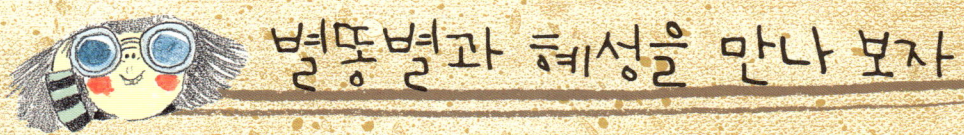
별똥별과 혜성을 만나 보자

이 름	가장 잘 보이는 날
사분의자리 유성군	1월 4일
거문고자리 유성군	4월 22일
물병자리 η(에타)유성군	5월 5일
물병자리 δ(델타)유성군	7월 28일
페르세우스 유성군	8월 12일
오리온자리 유성군	10월 21일
황소자리 유성군	11월 3일
사자자리 유성군	11월 17일
쌍둥이자리 유성군	12월 13일

이 날짜만 잘 기억하고 있으면 일 년 내내 소원을 빌 수 있답니다.
별똥별을 많이 볼 수 있는 날이거든요.
어떤 소원을 빌 건지 미리 생각해 두세요.
그래야 나중에 빠뜨리지 않고 소원을 빌 수 있겠죠?

헤일-밥 혜성

헤일-밥 혜성

4,200년 만에 지구에 온 헤일-밥 혜성을 1997년 3월에 찍은 사진이에요. 먼지 꼬리와 이온 꼬리가 아주 멋있죠?

하쿠다케 혜성

1996년 1월 31일 일본 아마추어 천문가 하쿠다케 유지가 처음 발견한 혜성입니다.

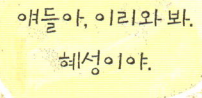
얘들아, 이리와 봐. 혜성이야.

혜성 하나만 있으면 소원 백만 개 이루는 건 문제없을 텐데….

아하! 혜성 안녕. 별똥별이 될 부스러기도 많이 뿌려 줘야 해.

혜성 꼬리가 길고 멋지다.

화성 여행은 너무 오래 걸려요

아빠가 천문대로 가셨다. 아빠가 없어서 일까? 솔이는 엄마 곁에 꼭 붙어서 떨어지지 않았다. 그 바람에 내가 할 일이 좀 늘었다. 저녁 밥상도 치우고, 빨래도 널고, 책상 정리도 했다. 엄마가 착하다며 머리를 쓰다듬어 주셨다.

'히히, 아빠 없을 때 엄마 옆에서 자야지.'

안방에 세 식구가 함께 잘 이부자리를 폈다. 창문을 닫으려는 데 시원한 바람이 살랑 코끝을 지나갔다. 엄마는 벌써 가을이라며 봄에 입던 잠옷을 찾아 주셨다. 잠옷으로 갈아입었더니 소매와 바짓단이 깡총했다.

솔이가 뒤에서 깔깔깔 웃으며 말했다.

"오빠, 허수아비 같아!"

"웃지 마, 내 키가 쑥쑥 자란 거야. 부럽지?"

나는 얼른 솔이와 내 키를 표시해 두는 옷장 옆 벽으로 달려갔다. 키를 쟀더니 지난 봄보다 한 주먹 쯤 더 커졌다. 솔이도 키를 쟀는데 자기는 별로 안 자랐다고 투덜댔다.

"우주선을 타면 금세 키가 클 걸."

엄마의 한마디에 솔이와 나는 귀가 솔깃했다.

"정말! 어떻게요?"

"우리가 우주로 나가면 지구의 중력을 받지 않게 돼. 무중력 상태라고 하지. 그러면 우리 몸속의 뼈 사이는 지구에 있을 때보다 많이 벌어진단다. 그래서 키가 커지는 거야."

잠자코 있던 고개를 끄덕이던 솔이는 벌떡 일어나 엄마와 나를 이불로 덮었다. 우리는 '무슨 일이 벌어질까?' 궁금해 하며 가만히 기다렸다. 옷장 문을 여닫는 소리가 들리고 한참 후에 솔이의 목소리가 들렸다.

"다 됐어. 나 어때?"

눈앞에는 엄마 모자를 눌러쓰고, 아빠의 선글라스를 끼고, 줄무늬 치마를 망토처럼 두른 솔이가 서 있었다.

"우주선에서 입을 옷이야. 멋있지? 키가 커진다고 해서 좀 큰 옷을 입었어."

"하하하! 우주복이 아니라 무슨 외계인 옷 같잖아!"

솔이는 내 웃음소리에도 아랑곳하지 않고 우주복이 마음에 든다며 거울에 자기 모습을 이리저리 비춰 보았다. 그러고는 엄마에게 안기며 우주여행 이야기를 해 달라고 졸랐다. 엄마는 우주여행이라면 아빠가 더 많이 알고 있다며 미루려 했지만, 솔이는 계속 졸라 댔다. 그렇게나 키가 크고 싶은 걸까? 엄마는 솔이의 성화에 못 이겨 지구본처럼 생긴 화성 모형과 우주선을 꺼냈다.

"알았어, 그럼 화성으로 한번 떠나 볼까?"

이불 한가운데 화성을 올려놓고 불을 껐다. 방 안도 캄캄한데다 우주선 앞쪽에 붙은 등까지 깜박거리니 정말 우주여행을 하는 듯했다. 기대에 잔뜩 부풀었는데, 엄마가 "잠깐!" 하고 말했다.

"우주선 타고 화성 탐험 다녀오는 게 쉬운 줄 아니? 금방 지구로 돌아오겠다고 떼쓰지 않을 자신 있어?"

솔이와 나는 당연히 자신 있다고 말했다. 엄마는 거기에 덧붙여 아주 빠른 우주선으로도 지구에서 화성까지 가는데 8개월가량 걸린다고 말했다.
"그래도 가고 싶니?"
"그 정도는 참을 수 있어요."
"우주선 안에만 계속 있으면 심심할 텐데 어떡하지?"
이번에는 솔이가 대답했다.
"괜찮아, 인형 가지고 놀면 돼."
"몸이 약해질지도 몰라. 그래서 운동도 아주 열심히 해야 한다고…."
솔이는 엄마 입을 손으로 막았다.
"시키는 건 다 열심히 할 테니까, 빨리 화성 탐험 얘기해 줘!"

엄마는 살짝 웃으며 우주선을 출발시켰다. 내 눈은 엄마 손에 들린 우주선과 함께 화성으로 향했다. 우주선이 점점 화성에 가까워졌다. 우주선 앞쪽에서 나오는 불빛을 받아 불그스름한 화성이 얼굴을 드러냈다. 우주선은 화성 둘레를 한 바퀴 돌고 나서 멈춰 섰다.

"여기는 올림푸스 산이야. 아주 커다란 화산이지."

"백두산보다 높아요?"

"그럼, 지구에서 가장 높은 에베레스트 산의 세 배쯤 되니까."

화성에 그렇게 높은 화산이 있다는 게 무척 놀라웠다.

"자, 이제 산을 보았으니 계곡으로 가 볼까?"

"그럼, 물놀이도 할 수 있겠네!"

엄마는 우리가 갈 계곡에는 물이 없다고 하면서 우주선의 방향을 틀었다. 그러자 화성의 가운데 부분을 가로지르는 커다란 계곡이 나타났다. 마리네리스 계곡이었다. 계곡의 길이는 5,000km, 폭은 가장 넓은 곳이 100km나 되었다. 상상하기 힘들만큼 거대했다.

올림푸스 화산

우리는 정말 화성에 가 있는 듯 엄마의 이야기에 푹 빠져 들었다.

다음으로 얼음이 널려 있는 북극관으로 갔다. 우주선은 미끄러지듯 북극관에 착륙했다. 이곳은 지구의 북극처럼 얼음과 드라이아이스로 이루어진 곳이라고 한다.

솔이가 고개를 갸우뚱하며 드라이아이스가 뭐냐고 물었다.

"어? 드라이아이스를 몰라? 아이스크림 가게에서 포장할 때 녹지 말라고 같이 넣어 주는 얼음 덩어리 있잖아. 하얀 김이 피어오르는…, 그게 드라이아이스야. 넌 아이스크림은 그렇게 좋아하면서 드라이아이스도 모르냐?"

내가 잘난 척을 하자 솔이는 눈을 흘기며 되물었다.

"그럼 드라이아이스는 뭘로 만드는 건데?"

"그, 그건…."

이럴 줄 알았으면, 드라이아이스를 어떻게 만드는지 미리 알아 둘걸.

"드라이아이스는 이산화탄소라는 기체가 얼어서 얼음처럼 딱딱하게 된 거야. 그리고 재범아, 동생이 모르는 게 있으면 오빠가 친절하게 잘 가르쳐 주는 게 좋겠지?"

북극관

마리네리스 계곡

"그래, 친절하게 가르쳐 주는 게 좋겠지?"

엄마가 한 말을 그대로 따라 하면서 솔이가 혓바닥을 쏙 내밀었다.

"난 친절한 동생이니까 용서해 줄게. 잘난 척 하는 오빠, 우리 화성에서 아이스크림 가게 하자. 드라이아이스가 많잖아."

"야! 그거 좋은 생각인데."

내가 맞장구를 치자 엄마가 걱정스런 표정을 지으며 말씀했다.

"이곳은 영하 70℃ 쯤 돼. 이렇게 추운데 누가 아이스크림 사 먹겠니?"

"…"

"자, 이제 다른 곳으로 가 볼까?"

엄마와 나는 화성의 이곳저곳을 살펴보았다. 그런데 솔이가 졸린 눈을 껌벅껌벅하며 말했다.

"엄마 졸려. 이제 그만 지구로 돌아가자."

"어떡하지? 지금 바로 갈 수는 없단다."

지구와 화성은 태양 둘레를 돌면서 서로 가까워지기도 하고 멀어지기도 한다. 가장 가까울 때 지구로 돌아갈 수 있는데, 그러기 위해서는 1년 3개월가량을 화성에서 잠자코 기다려야 한다.

엄마의 이야기가 끝나자 솔이는 후다닥 이불을 뒤집어쓰며 외쳤다.

"난 안 가. 너무 오래 걸려."

그렇게나 오래 걸리다니! 화성 탐험이 쉽지 않을 것 같다. 그래도 난 어른이 되면 꼭 한 번 가 보고 싶다. 화성의 구석구석의 비밀을 밝혀내고 싶다. 어쩌면 화성에 살고 있을 지도 모를 새로운 생명체를 만날지도 모른다. 멀리 있는 화성이지만 머릿속에는 화성의 신비한 모습이 커다랗게 떠올랐다. 솔이의 잠꼬대 소리가 들렸다.

"난, 지구가 좋아"

화성에 생명체가 살까?

〈화성침공〉〈우주전쟁〉이란 영화를 본 적이 있나요? 두 영화 모두 화성에서 외계인이 쳐들어와 지구가 혼란에 빠진다는 내용이에요. 그런데 사람들은 왜 화성에서 외계인이 쳐들어온다고 생각했을까요?

그 이유는 화성이 지구와 비슷한 조건을 가진 행성이라서 생명체가 살고 있을 것이라고 생각했기 때문이에요. 화성은 지구보다 작지만, 밀도가 비슷하고 하루의 길이도 비슷하거든요. 게다가 화성 표면에서 물이 흘렀던 흔적까지 발견되어 사람들은 화성에 생명체가 살고 있을 거라고 생각하게 됐죠. 물은 생명체가 살기 위해 꼭 필요한 요소거든요. 그래서 인류는 화성에 여러 차례 탐사선을 보냈답니다. 하지만 생명체의 흔적은 발견할 수 없었죠. 다만 물이 흘렀던 흔적을 보고 '오래 전에 화성에 생명체가 산 적이 있을 거야.' 하고 추측할 뿐이랍니다.

화성에 갈 때 챙겨야 할 것

9월 18일   날씨: 저녁 바람 살랑살랑

내가 타고 갈 화성 탐사선이다. 싣고 갈 짐이 많아서 크게 만들었다. 우주 식량은 가득 채워 가야 한다. 배고프면 화성 탐험을 제대로 못한다. 속옷은 며칠에 한번 갈아입어야 할지 아직 정하지 못했다.

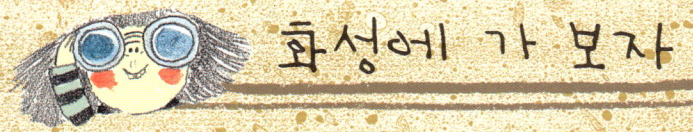 화성에 가 보자

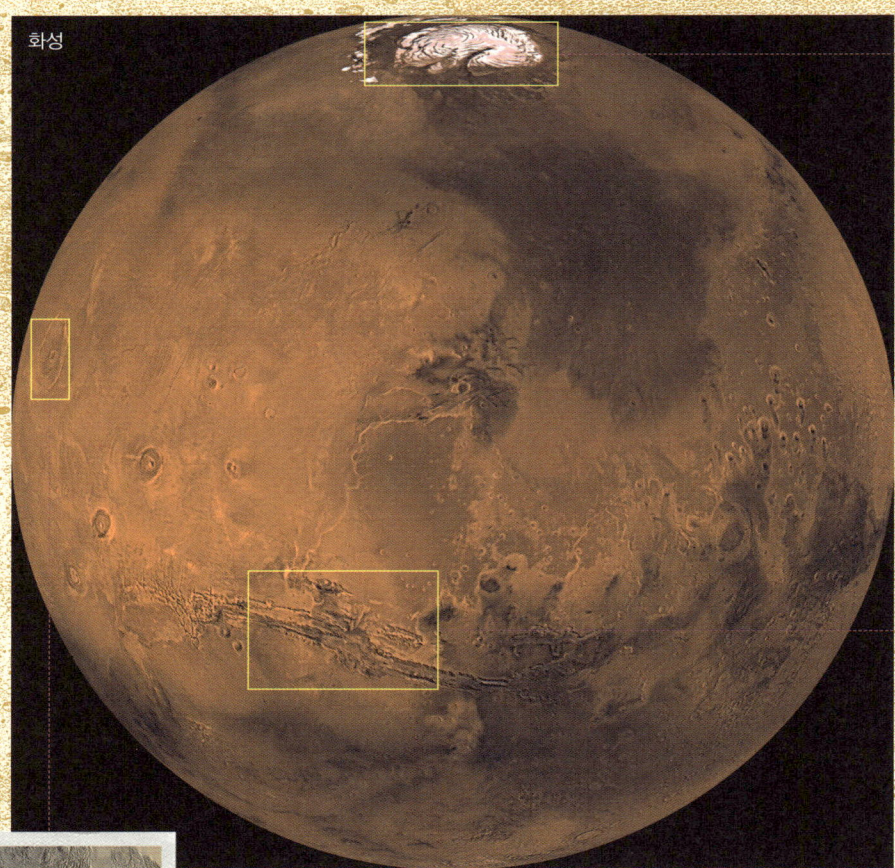

화성

올림푸스 화산

겉보기엔 편평하게 생겨서 별로 높아 보이지 않지만, 사실은 태양계에서 가장 높은 화산이랍니다. 화산에서 용암이 천천히 흘러나오면서 산의 모양이 넓게 퍼졌기 때문에 이런 모습을 가지게 되었어요.

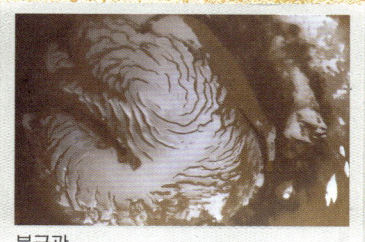
북극관

큰 화성 사진의 흰 부분을 북극관이라고 해요. 지구의 극지방처럼 얼음으로 덮여 있는 곳이죠.

마리네리스 계곡

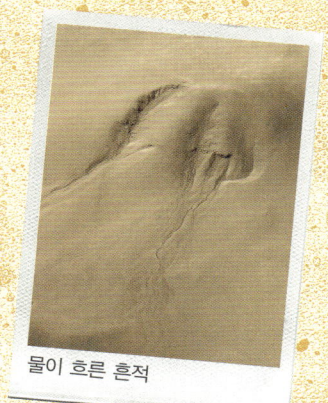
물이 흐른 흔적

마리네리스 계곡은 길이가 5,000km나 된답니다. 너무 길어서 상상이 안 된다고요? 서울에서 부산까지의 거리의 약 12배 정도 된답니다. 정말 엄청나죠?

화성 표면에 있는 물이 흐른 흔적입니다. 이것을 보고 과학자들은 화성에 물이 있을지도 모른다고 생각했어요. 그래서 과학자들은 화성에 물이 있는지 밝혀내기 위해 열심히 연구하고 있답니다.

야, 화성이다!

재범이가 밝혀 볼래?

생명체가 살고 있을까?

 ## 오랫동안 태풍이 멈추지 않는 목성

놀토를 이용하여 우리 가족은 제주도로 여행을 갔다. 아빠가 인천항에서 배를 타고 간다고 하셔서 바다 구경을 실컷 할 줄 알았다. 그런데 저녁 배를 타는 바람에 얼마 못 가 날이 금세 저물었다.
"캄캄해서 아무 것도 안 보이잖아!"
실망한 솔이는 투덜거리며 선실로 들어갔다. 나도 들어가 잠을 청했다.

"야, 제주도다! 제주도!"

사람들이 웅성거리는 소리에 잠이 깼다.

벌써 날이 밝아 있었다. 눈을 비비고 일어나서

갑판으로 나갔다. 정말 섬이 보였다. 우리가 잠들어 있는 동안 배는

쉬지 않고 바다 위를 달린 것이다.

나는 쌍안경으로 섬을 훑어보았다.

"아빠, 제주도는 어떻게 생겨났어요?"

"화산 활동이 여러 번 일어나면서 만들어졌지. 수십만 년 전의

일이란다."

수십만 년 전이라니. 제주도의 구석구석을 탐험하고 싶은 마음이 마구

생겼다.

첫째 날은 몇 군데 박물관을 들르고 수목원과 동굴 구경을 했다. 하루

종일 걸어서 피곤했지만 모두 처음 보는 것들이라서 즐거웠다. 숙소로

돌아와 저녁을 먹은 뒤에 우리는 바닷가로 나갔다.

"별 좀 볼까?"

아빠는 망원경을 설치하고 서쪽 하늘을 관찰하셨다.

"오늘은 목성에다 망원경을 맞춰 놓았다. 한번 보렴."

목성은 덩치가 크니까, 망원경으로 보면 근사하겠지? 가슴이 두근거렸다. 눈에 잔뜩 힘을 주고 망원경을 들여다보았다.

"앗, 콩알만 한 게 보여요. 설마 이게 목성은 아니겠죠?"

"어쩌지, 목성이 맞아."

이렇게 작을 수가! 기대가 큰 만큼 실망도 컸다.

"너무 멀리 있어서 작게 보이는 거야. 지구에서 목성까지의 거리는 6억km가 넘어. 아빠 차를 타고 시속 100km로 쉬지 않고 달려도 700년쯤 걸리지."

'엄청난 크기가 콩알만 해 보일 만큼 목성은 정말 멀리 있구나.'

밤이 깊어질수록 목성의 모습이 밝고 또렷해졌다. 목성 표면에는 노란 콩알에 금을 그어 놓은 것 같은 갈색의 줄무늬도 몇 개 보였다. 책에서 몇 번 본 적이 있어서 눈에 익었다.

"줄무늬 아래쪽에 달걀처럼 생긴 것 보이니?"

자세히 보려고 한쪽 눈을 감았다. 달걀 모양의 점이 나타났다.

"그걸 대적점이라고 부르는데, 커다란 소용돌이야."

"이런 건 왜 생겨요?"

"목성은 자전 속력이 빨라. 지구의 두 배지. 더군다나 기체로 가득한 행성이라서 위치에 따라 바람이 엇갈려 불 때가 많아. 그런 곳에서 대적점 같은 소용돌이가 만들어지는 거야."

아빠의 설명을 들으니 대적점이 지구에 생기는 태풍의 눈처럼 보였다.

"대적점의 소용돌이는 아주 커. 우리 지구를 두어 개는 담을 수 있지."

콩알만 하다고 얕보았던 마음은 쏙 숨어 버리고, 망원경 속의 목성이 굉장히 크게 느껴졌다.

"목성 옆으로 줄줄이 늘어선 구슬 같은 것들 보이지? 그 별들은 목성의 위성이야. 지구 주위를 도는 달처럼. 모두 몇 개가 보이니?"

"오른쪽에 하나, 왼쪽에 세 개가 보여요. 그런데 오른쪽 것은 목성에 아주 가까이 붙어 있네요?"

"그건 위성 '이오'란다. 화산이 자주 터지는 곳이지."

화산이라는 말에 귀가 번쩍했다. 제주도도 화산이 터져서 생겼다고 했는데. 그럼 이오에도 섬이 많을까?

아빠는 책을 펼쳐서 이오를 찍은 사진을 보여 주셨다. 그러면서 이오는 화산이 너무 자주 터지는 바람에 땅 모양이 자주 바뀐다고 했다.

"이오는 왜 그렇게 화산이 자주 터지는 거야?"

옆에서 엄마와 놀고 있던 솔이가 와서 물었다.

"그건 아코디언 효과 때문이야."

"아코디언 효과?"

아빠는 고개를 갸우뚱거리는 우리를 보고는 말을 이었다.

"이오가 목성 주위를 돌 때(공전)는 많이 찌그러진 타원 모양으로 돌아. 그래서 목성과 가까이 있을 때는 옆으로 쭈욱 늘어났다가, 목성에서 멀어지면 원래대로 줄어들지. 마치 아코디언처럼 말이야."

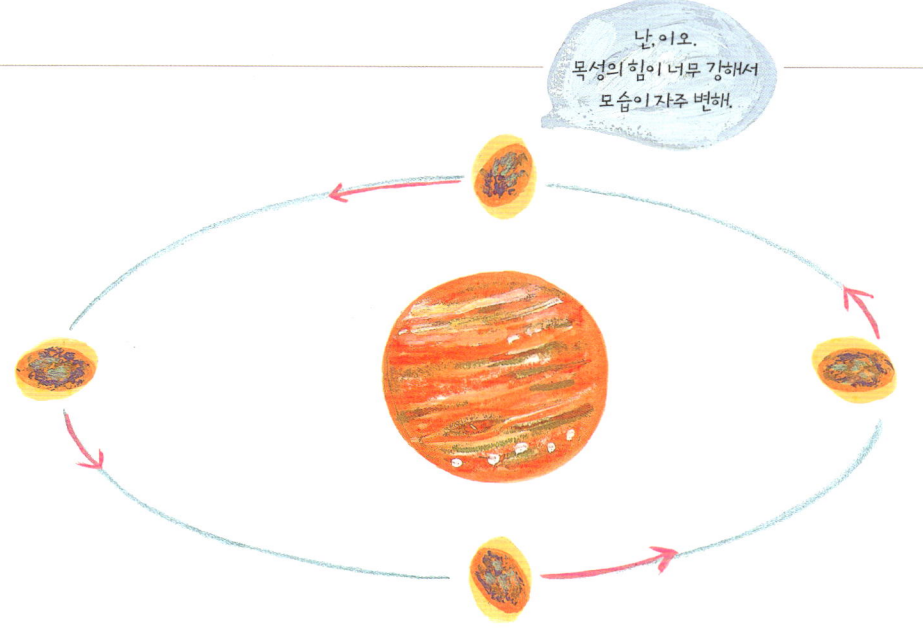

이오가 옆으로 늘어났다가 다시 원래대로 줄어드는 과정을 반복하면 그 속에 있는 물질들에서 열이 많이 나기 때문에 화산이 폭발한다는 것이다.

지구가 목성과 멀리 떨어져 있어서 천만다행이다. 안 그럼 지구도 화산이 자주 터졌을 테니 말이다.

제주도 탐험 두 번째 날. 일기예보를 봤더니 남쪽에서 태풍이 다가온다고 했다. 바람은 조금 불었지만 날씨는 맑았기 때문에 계획대로 제주도 탐험을 하기로 했다.

오늘의 코스는 곶자왈이다. 곶자왈은 울퉁불퉁한 돌이 널려진 곳에

나무와 덩굴이 우거진 숲이란 뜻이다. 탐험을 시작하려는데 바람이 세지고, 하늘이 흐려지면서 먹구름이 슬슬 다가왔다.

'태풍 앞에 무릎을 꿇으면 사나이가 아니지.'

"여기만 보면 다 보는 건데 조금이라도 보고 가요. 네?"

엄마, 아빠를 졸라 탐험을 계속했다. 처음 보는 식물들과 재미있게 생긴 이끼들을 보면서 숲속으로 점점 깊이 들어갔다.

'후두둑' 갑자기 빗방울이 떨어졌다. 순식간에 바람이 거세지고 사방에서 나뭇가지가 흔들렸다. 덜컥 겁이 났다.

"엄마, 아빠, 솔아! 어디 있니!"

목이 터져라 외쳤지만 소용이 없었다. 안개 때문에 앞이 잘 보이지 않았다. 숲을 헤집고 다니다가 옷이 나뭇가지에 걸려 찢어졌다. 비에 속옷까지 젖으니 추워서 몸이 오들오들 떨렸다. 눈물이 났다.

그때 나뭇가지에 달린 빨간 리본이 눈에 들어왔다. 정신을 차리고 주위를 둘러보니, 뒤쪽에 빨간 리본이 또 보였다. 나는 빨간 리본을 길잡이 삼아 따라갔다. 열다섯 번째 리본을 지나쳤을 때 넓은 길이 보였다. 마음속으로 '살았구나.'하고 달려 나갔다.

큰길에 이르자 놀란 표정의 엄마와 마주쳤다. 나를 찾느라 엄마 아빠도 숲속을 한참 헤매셨단다.

"재범아, 다음부터는 혼자 행동하면 안 돼!"
엄마가 크게 한숨을 쉬며 내 엉덩이를 철썩 때렸다.
태풍 때문에 배, 비행기 모두 발이 묶여서 삼일 동안이나 아빠 친구 집에서 신세를 졌다.
아빠 친구는 기상대에서 일했다. 머무르는 동안 태풍에 얽힌 여러 가지 이야기를 들었고, 인공위성이 찍은 태풍 사진도 보게 되었다.
"태풍 사진이 목성의 대적점이랑 비슷하게 생겼네?"
"아빠가 가르쳐 준 걸 잘 기억하고 있구나. 하지만 태풍과 대적점은 조금 달라."
엄마는 나에게 태풍과 대적점의 차이에 대해 설명해 주셨다.

"지구에서 생긴 태풍은 땅과 부딪히느라 며칠 사이에 약해져. 하지만 목성에는 딱딱한 표면이 없고, 공기층이 두껍게 덮고 있어서 한 번 생긴 소용돌이는 잘 사라지지 않지."
목성의 커다란 소용돌이는 300여 년 전에 처음 발견되었지만, 여전히 그 모양을 지키고 있다고 한다. 지구에서 생긴 태풍이 며칠 만에 사라진다는 것이 얼마나 다행인지 모르겠다.

목성에 가 보자

목성

대적점

달걀처럼 생긴 동그라미는 목성의 가장 큰 소용돌이인 대적점이에요. 대적점이 얼마나 큰지 지구가 두 개는 들어갈 수 있답니다.
목성에 가까이 갈 땐 대적점의 소용돌이에 휘말리지 않도록 조심해야겠어요.

자전하는 목성

목성을 찍은 사진입니다. 대적점이 왼쪽에서 오른쪽으로 움직이고 있지요? 이것을 보고 목성이 자전하는 것을 알 수 있답니다.

목성의 4대 위성

목성의 위성들입니다. 왼쪽부터 이오, 유로파, 가니메데, 칼리스토예요.
이오는 지구의 달과 비슷한 크기이며 화산활동이 활발합니다.
유로파는 표면이 얼음으로 싸여 있지요.
가니메데는 태양계의 위성 가운데 가장 크답니다.
칼리스토는 수성과 크기가 비슷하고 표면에 크레이터가 아주 많습니다.

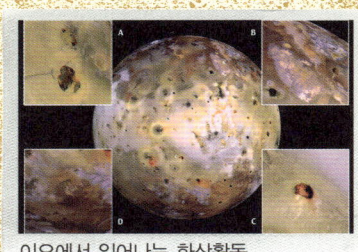
이오에서 일어나는 화산활동

먼지와 돌멩이로 만들어진 토성 고리

토성 고리 위를 달리는 우주선 경주 대회가 열리는 날이다. 대회장에 도착해 보니 벌써 여러 대의 우주선이 와 있었다. 커다란 돛을 달아 범선 모양으로 꾸민 것, 날렵한 독수리를 닮은 것, 우스꽝스럽게도 거북이 모양을 한 것도 보였다. 내 우주선은 귀여운 돌고래를 떠올리게 했다. 물론 내가 직접 만들었다.

출발 신호가 떨어지자마자 힘차게 달렸다. 토성 고리 위에 살짝 떠서 미끄러지듯 앞서 나갔다. 토성 표면의 아름다운 줄무늬들이 재빨리 지나갔다. 까만 하늘에는 별들이 밝게 빛났다. 구경꾼들의 눈동자 같았다.

'와! 가까운 곳에서 보니 토성이 더 멋있는 걸. 그런데, 다른

'우주선들은 모두 어디 갔지?'

토성 풍경을 보느라 정신 파는 사이에 맨 꼴찌로 달리고 있었다. 마음을 가다듬고 한껏 속도를 높였다. 하나 둘 앞서 간 우주선을 따라잡았다.

'팟.'

마지막 한 바퀴가 남았다는 빛 신호가 조종석 창문을 환하게 밝혔다. 우주선의 속도를 최대로 올렸다. 온몸이 한쪽으로 쏠렸다. 몸이 으스러질 듯 강한 힘이 전해졌다. 있는 힘껏 조종간을 붙잡았다. 바로 앞의 우주선을 아슬아슬하게 제치고 1등으로 올라섰다. 드디어 결승선이 보였다.

'이제 조금만 더 가면 우승이다. 조금만 더…'

"오빠 학교 안가? 늦잠꾸러기!"

아쉽게도 꿈이었다. 눈을 몇 번 껌벅거리니 솔이의 얼굴이 보였다.

"바보야! 너 때문에 우승컵을 놓쳤잖아."

솔이를 방밖으로 쫓아낸 뒤, 이불을 뒤집어쓰고 다시 꿈나라로 가려고 했다. 그런데 꿈이 꾸어지지 않았다. 경기장도 내 돌고래 우주선도 그 모습이 햇볕에 눈 녹듯이 스르르 사라졌다. 안타까웠다. '쾅쾅쾅'

솔이가 문 두드리는 소리만 들려올 뿐이었다. 더 이상 꿈나라의 문은 열리지 않았다.

이불을 걷어 젖혔다. 영문도 모르는 솔이가 방문을 열고 고개를 삐죽 내밀더니 혀를 날름하고 놀렸다. 화가 나서 베개를 던졌다. 방안을 날아오른 베개가 빙글 돌더니 하필이면 천정에 매달아 놓은 행성 모빌 쪽으로 갔다. 베개와 행성을 매단 끈이 뒤엉키며 우르르 떨어졌.

나는 몸을 날려 행성들을 받으려 했다. 오른손, 왼손, 양쪽 다리까지 써 가며 쏟아지는 행성들을 받아냈다. 그런데 토성이 머리에 콩 부딪혔다. 고개를 돌렸더니, 토성 고리가 부서진 채 방바닥을 구르고 있는 것이 보였다.

'이크! 솔이가 제일 아끼는 것인데 어떡하지?'

솔이는 부서진 토성 고리를 보자 울음을 터뜨렸다.

"내 토성 얼른 다시 살려 내, 으앙 으앙!"

엄마의 도움으로 겨우 솔이를 달랬다. 학교 다녀와서 꼭 고쳐 주겠다고 약속을 하고 서둘러 아침을 먹었다.

쏜살같이 달려 학교에 갔지만 결국 지각하고 말았다.

오늘은 과학 강연이 있는 날이다. 우리 학년 전체가 학교에서 가장 넓은 강당에 모였다. 연단 뒤에 하얀 스크린이 내려오면서 불이 꺼졌다. 사방이 캄캄해졌다. 시끌시끌하던 우리 목소리도 소곤소곤 줄어들었다. '무슨 강연이지?' 궁금해하며 바라보는데, 화면사이로 별똥별이 획 지나가며 '별자리 여행과 우주 탐험'이라는 제목이 떴다. 다함께 손뼉을 치며 '와!' 하고 소리를 질렀다.

그리고 한복을 입은 할아버지가 연단에 올라왔다. 우주 과학 이야기를 담은 동화책을 여러 권 내신 분이라고 했다. 할아버지는 옛날이야기를 하듯이 별과 우주에 대한 이야기를 사진과 함께 들려주셨다. 무척 재미있었다.

할아버지의 설명을 따라 별자리 여행을 하다 보니, 학교 강당의 천장이 시골 하늘처럼 느껴졌다. 그런데 여러 별들 사이로 혼자 떨어진 별 하나가 눈에 들어왔다. 할아버지가 셋을 세면 "커져라!" 하고 외치라고 했다.

"하나, 둘, 셋."

"커져라!"

우리는 강당이 흔들릴 정도로 크게 외쳤다. 화면 안의 작은 점이 조금씩 커지더니, 대형 풍선처럼 부풀어 올랐다. 그리고 둥근 고리를

두른 토성이 나타났다. 할아버지는 컴퓨터로 화면을 조작하면서 토성을 크게 보여 주더니, 이렇게 말씀했다.
"얘들아, 마술을 하나 보여 줄까? 토성 고리를 사라지게 할 거야!"
모두 눈을 동그랗게 뜨고 바라보았다. 화면 속의 토성 고리가 점점 기울더니 감쪽같이 사라져 버렸다.

"와! 한 번 더 보여 주세요."

할아버지는 웃으면서, 토성 고리가 사라지는 마술을 또 보여 주셨다. 토성도 지구와 마찬가지로 태양을 중심으로 공전을 하는데, 지구에서 보면 29년을 주기로 고리의 윗면과 아랫면이 번갈아 보인다고 했다. 그 중간쯤에 이르면 고리가 감쪽같이 사라지는데, 고리는 어디로 도망가는 게 아니었다.

지구에서 보는 방향과 토성 고리의 옆면이 딱 맞아 떨어져서 고리가 보이지 않는 거였다. 얇은 종이를 옆에서 보면, 너무 얇아서 잘 안 보이는 것처럼 말이다.

"누가 나와서 도와주겠니? 두 명이면 되는데."

할아버지는 손을 든 여러 아이들 중 둘을 뽑아 각각 속이 비치는 물통과 토성 모형을 들렸다.

"이 물통을 아주 커다란 수영장이라고 상상해 보렴. 토성을 옮겨 와서 여기에 띄우면 어떻게 될까? 뜰까? 가라앉을까?"

할아버지의 물음에 아이들은 저마다 자신의 의견을 말했다.

"아까, 할아버지가 토성은 지구보다 훨씬 크고 무겁다고 하셨어. 그러니 어떻게 물 위에 뜰 수 있냐?"

"아냐, 작은 돌멩이는 가라앉지만 훨씬 큰 통나무는 물에 뜨기도 하잖아."

"듣고 보니 그렇긴 하네, 뭐가 답이지?"

정답은 '물에 뜬다.'였다. 토성은 대부분이 가스로 이루어져 있는데, 물보다 가벼워서 토성을 담을 수 있는 거대한 수영장이 있다면 물에 뜰 거라고 했다. 정답을 맞힌 친구들에게 할아버지는 별 사진을 한 장씩 나눠 주셨다.

수업을 마치고 학교 도서관에 들러서 오늘 강연을 해 주신 할아버지가 쓴 책을 빌려 왔다. 집에 왔더니 엄마, 아빠는 볼일이 있어 나가시고, 솔이 혼자 집을 지키고 있었다.

"아침엔 미안했어. 오빠가 고쳐 줄게."

"괜찮아, 토성 고리는 내가 벌써 만들어 놓았어."

"정말이야?"

아침에 그렇게 화를 냈는데, 생글생글 웃는 모습에 놀랐다. 덩달아 나도 기분이 좋아졌다. 그래서 솔이에게 오늘 학교에서 배운 것들을, 할아버지 흉내를 내가며 빠짐없이 알려 주었다. 솔이도 눈을 반짝거리며 들었다.

말을 너무 많이 해서인지 갈증이 났다. '뭐 시원한 게 없을까?' 하고
냉장고를 열었는데 납작한 도넛처럼 생긴 것이 보였다. 뽀얗게 가루가
뿌려져 있고 초콜릿 덩어리 같은 것도 몇 개 박혀 있었다. 살짝 맛을
보았더니 조금 이상했다.
'새로 나온 아이스크림인가?' 한 입 크게 베어 먹었다.
"우웩, 퉤퉤."
돌을 씹었는지 너무 딱딱해서 이가 부서지는 줄 알았다. 입안이
텁텁하고 이상한 냄새가 나서 얼른 뱉어 냈다.
"오빠, 왜 그래?"
솔이는 바닥에 굴러 떨어진 얼음 조각을 보았다. 아침보다 더 놀란
모습으로 얼굴이 빨개지기까지 했다. 화가 머리끝까지 올라간
모양이었다.
"으앙! 내 토성 고리잖아. 또 망가뜨렸어!"
"오빠가 고쳐 줄게."
손을 모아 싹싹 빌자 솔이가 겨우 울음을 그쳤다.
아침에 조각낸 토성 고리를 찾아내 테이프를 붙이고 접착제를 발라
고치는데 무려 한 시간이나 걸렸다. 솔이는 내내 눈을 부릅뜨고 지키고
있었다. 헝클어진 줄들을 바로 잡고 모빌을 다시 걸었다. 그제야 솔이

얼굴이 밝아졌다. 정신을 가다듬고 솔이에게 물었다.

"이 얼음 덩어리가 네가 만든 토성 고리였어? 어떻게 만든 거야?"

"엄마가 그러는데 토성 고리는 얼음, 돌멩이, 먼지 같은 것으로 되어 있대."

"그래서?"

"음…, 창문 틈이랑 신발장 구석에 있는 먼지를 긁고, 마당에서 작은 돌멩이를 모았지."

"으읙! 그, 그래서?"

"소꿉놀이 통에 먼지와 돌을 넣고 물을 조금 부어서 잘 섞은 다음, 냉동실에 넣어서 얼렸어."

"우웩, 그만!"

양치질을 두 번이나 했는데도 입안이 상쾌하지 않았다. 별 볼 기분이 나지 않아 일찍 잠자리에 들었다.

토성 고리의 정체

11월 7일   날씨 : 가을비 주룩주룩

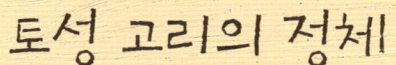

멋있게 보인다고 다 좋은 건 아니다.

토성의 고리도 마찬가지다. 가까이 가 보면 얼음 덩어리

사이사이에 먼지랑 돌멩이가 껴 있을 것이다.

이 그림을 보고 토성인지 눈치 챌 사람은 별로 없을 것이다.

토성에 가 보자

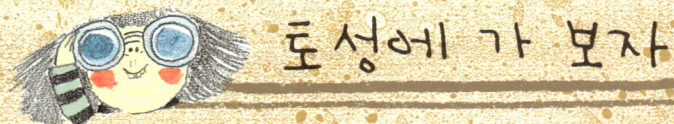

토성

"토성의 고리가 태양계에서 가장 아름다울 거야."

토성의 고리가 정말 아름답죠?
하지만 토성의 고리는 얼음, 돌덩이, 먼지 따위가 모여서 만들어진 거랍니다.

"과연 그럴까?"

타이탄

타이탄은 토성의 위성 중 가장 크지요.
지구가 갓 태어났을 때와 비슷한 대기를 가지고 있어서
과학자들이 관심을 가지고 자세히 연구하고 있답니다.

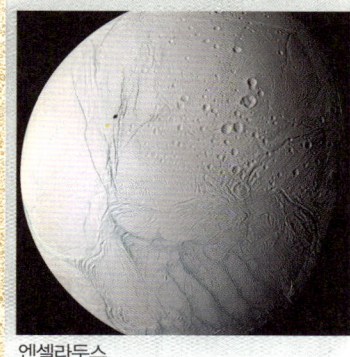
엔셀라두스

이것은 엔셀라두스라고 하는
토성의 위성입니다.
얼음으로 덮여 있는 곳이지요.

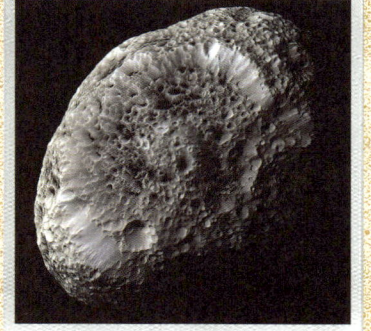
히페리온

히페리온도 토성의 위성이에요.
이곳은 평평한 곳을 찾기가 힘들 정도로
표면이 울퉁불퉁하답니다.

미마스

하하하! 토성의 위성
미마스란다.
너무 징그러워 하지마.

으아 징그러워.
왕눈알처럼 생겼잖아.

망원경이 찾아낸 별, 천왕성

엄마, 아빠와 주말 농장에서 채소 씨앗을 뿌리던 때가 엊그제 같은데 벌써 일 년이 지나가고 있다. 올해는 즐거운 일이 많았다. 가장 놀라웠던 사건은, 지난주에 벌어졌던 대발견이었다. 내 힘으로 그런 일을 해내다니! 지금 생각해 보아도 자랑스럽다. 헤헤.

지난 월요일 실험 관찰 시간이었다. 우리 반은 여섯 모둠으로 나뉘어 자연 친구들에 대해 조사하기로 했다. 우리 모둠의 친구는 별이었다. 학교를 마치고 곧장 집 근처 도서관으로 갔다. 어찌나 조용한지 째각째각 시계 바늘 소리만 들렸다. 발뒤꿈치를 들고 조용조용 걸어 별에 관한 책이 있는 곳으로 갔다. 이리저리 둘러보는데…, '망원경과 친구하는 방법 열 가지'라는 책이 눈에 들어왔다. 책장을 넘겨 보았다. '망원경을 알면 하늘이 보여, 망원경으로 별 찾기, ….' 내가 알고 싶었던 것들이 모두 담겨 있었다. 눈을 반짝이며 한숨에 읽어 내려갔다.

다음 날, 우리 모둠은 별 이야기를 넓은 종이에 펼쳐냈다. 별에 대한 동시, 별자리 그림, 멋진 별 사진을 서로 맞추어 꾸몄다. 물론 내가 조사해 온 망원경 이야기도 잘 붙였다.

"와! 멋있다. 우주가 한눈에 보이는걸."

선생님이 칭찬해 주셨다. 친구들의 눈동자가 밝게 빛났다.

숙제를 하고 나니 망원경이 무척 갖고 싶어졌다.

'저 별들과 진짜 친구가 되고 싶어. 그렇게 하려면 내 망원경이 있어야 해. 아빠가 쓰는 것은 너무 커서 안 되고….'

저녁때 우리 집 식구들을 안방에 모이게 했다.

"자, 지금부터 가족회의를 열겠습니다. 오늘의 회의 주제를 발표하겠어요. 둥둥둥둥, 저에게 망원경 하나 사 주세요!"

부모님은 조금 놀란 눈빛이었다.

"재범이가 우주에 대한 관심이 아주 많아졌구나."

"네, 별과 친해지려면 제 망원경이 있어야 될 것 같아요. 그러면 솔이랑 함께 별 공부를 더 열심히 할 수 있을 거예요. 헤헤!"

"아빠가 별학교에서 작은 망원경을 하나 빌려 올 게. 네 망원경을 사기

전에 사용 방법부터 익히는 게 어때?"

"음…, 좋아요! 잘 가르쳐 주셔야 해요."

다음 날 저녁, 아빠는 조금 흠집이 나 있는 망원경을 들고 오셨다.
"이래 봬도 성능은 괜찮은 거야. 작은 고추가 맵다는 말 알지?"
내가 들고 다니기에 적당한 크기였다. 사용법도 알려 주셨는데, 미리 책으로 읽어 두었던 터라 쉬웠다.
망원경이 발명되기 전에는 사람들이 알고 있는 태양계의 크기는 작았다. 맨눈으로는 토성까지만 볼 수 있었기 때문이다. 그런데 천체 망원경이 발명되고 나서 토성너머 행성, 천왕성이 처음 발견되었다. 천왕성은 1781년 영국의 '허셜'이라는 천문학자가 찾아냈다고 한다. 사진으로만 보던 천왕성을 이 망원경으로 직접 관찰할 수 있을까?
"아빠, 이 망원경으로도 천왕성을 볼 수 있어요?"
"그럼. 오늘은 구름이 껴서 안 되고, 내일 저녁에 같이 찾아보자."

다음 날은 하루 종일 천왕성 생각뿐이었다. 학교에서도, 집에 와서도 천왕성이 머릿속에 맴돌았다. 저녁까지 기다리지 못할 것 같았다.
'그래, 스스로 찾아보는 거야!'

곧바로 '천왕성 찾기 대작전'에 들어갔다. 인터넷을 뒤지고, 별자리 책을 읽어보고, 아빠 책꽂이에 있는 우주과학 잡지도 살펴보았다. 조금씩 알아갈 때마다 자신감도 커졌다. 오늘 밤 천왕성은 물병자리 근처에 머물고 있다는 사실을 알아냈다. 천왕성의 위치가 자세하게 나온 별 지도를 프린터로 뽑았다. 마치 밤하늘 보물지도를 손에 넣은 느낌이었다. 어서 밤이 되기를 기다렸다.

엄마는 평소보다 일찍 집에 오셨다. 오는 길에 어린이집에서 놀던

솔이도 데려왔다. 곧이어 아빠도 오셔서 다른 날보다 일찍 저녁을 먹었다. 식사를 끝내기가 무섭게 얼른 베란다로 나왔다. 베란다의 불을 끄자 까만 하늘에 더 많은 별이 빛났다. 별 지도를 꺼내 위치를 확인하고 천천히 망원경을 움직여 천왕성이 있는 곳으로 향했다. 심호흡을 하고 망원경을 들여다보았다. 별 사이로 작고 뿌옇게 보이는 점이 나타났다. 바로 천왕성이었다.

"야호! 천왕성, 천왕성을 찾았다."

내 고함 소리에 놀라 가족들이 마당으로 달려 나왔다. 엄마, 아빠도 망원경을 보고 나서 천왕성이 맞다며 칭찬해 주셨다.

솔이의 눈에도 호기심이 가득했다. 아빠가 망원경을 솔이의 눈높이에 맞추어 주었다.

"오빠, 천왕성 어디 있어?"

"밝은 별 하나 보이니?"

"응."

"거기서 조금 아래쪽에는 뭐가 보여?"

"좀 어두운 별이 있어."

"아주 좋았어. 바로 그별 왼쪽에 천왕성이 있어."

"애걔, 겨우 이거야? 좁쌀만 하잖아."

"멀리 있어서 작게 보일 뿐이야. 실제 천왕성의 지름은 지구의 네 배나 된다고!"

"정말이야? 천왕성이 왜 지구보다 큰 거야?"

"…."

솔이의 물음에 말문이 막혔다. 아빠에게 눈길을 돌리니 이렇게 말씀했다.

"너희들 고드름 알지? 왜 겨울에만 고드름이 생길까?"

"그거야 추우니까 그렇죠."

"천왕성이 지구보다 큰 이유도 마찬가지야."

고개를 갸우뚱하는데 아빠의 설명이 이어졌다.

"고드름이 불 옆에 있으면 어떻게 되겠니?"

"녹아서 물이 되고 더 뜨거워지면 수증기가 되어 공기 중으로 날아가 버리겠죠."

"맞아, 추운 곳에서는 분명 딱딱한 고체였는데, 뜨거운 불 옆에서는 기체가 되어 사라져 버리지! 먼 옛날, 태양계 행성들이 만들어질 때도 비슷한 일이 벌어졌단다."

아빠는 행성이 생겨날 때의 흥미진진한 이야기를 들려주셨다.

태양 주위는 너무 뜨거워서 얼음 덩어리가 있기 힘들었다. 그런데 태양에서 먼 곳은 추워서 얼음 덩어리와 먼지들이 서로 뭉치면서 얼어붙었다. 바로 천왕성이 생겨난 자리다. 천왕성은 그렇게 해서 점점 덩치를 키워 갈 수 있었다.

하지만 지구는 태양에 가깝기 때문에 천왕성만큼 커질 수 없었다.

"아하, 지구처럼 태양 가까이에 있는 행성들은 끌어 모을 얼음이 없었군요. 그래서 덩치가 커질 수 없었단 말이죠?"

"그래, 태양계 안쪽에 조금 남아 있던 먼지들이 모여서 덩치 작은 지구를 만든 거야."

행성들의 크기가 제각각인 이유가 있었다니…. 겨울밤의 별들이 밝게 빛나고 있었다. 별을 더 보고 싶었지만 시린 바람에 몸이 얼 것 같이 추웠다. 서둘러 망원경을 정리하고 안으로 들어가려는데 솔이 혼자 마당 한가운데에 우두커니 서 있었다.

"안 추워? 감기 걸리겠다. 어서 들어가자."

"난 좀 더 있을래."

"왜?"

"추운 데 있으면 덩치가 커진다면서. 내 몸도 얼른 커지게 하려고."

"하하하!"

엄마는 솔이를 잘 타일러서 방으로 데리고 가셨다.

며칠 전의 일인데 아직도 천왕성을 발견할 때의 흥분이 가시지 않는다. 책이나 텔레비전에서 보던 천왕성이지만 내가 직접 찾았을 때, 훨씬 새롭게 느껴졌다.

잠자리에 들면서 방안에 걸려 있는 행성 모빌을 올려다보았다. 태양 가까이 수성, 금성, 지구, 화성이 옹기종기 모여 있다. 화성 너머는 무척 추운 곳인가 보다. 목성이나 토성, 천왕성, 해왕성은 모두 덩치가 크니 말이다.

오늘 꿈나라 우주선이 갈 곳은 천왕성이다. 천왕성 근처에서 나보다 덩치가 커진 솔이를 만나면 어떡하지?

별 찾기, 나한테 맡겨 주세요

12월 20일   날씨 : 시린 바람에 손이 꽁꽁

천왕성이 있는 곳

앞으로 내 별명은 '별 찾기 대장'이다. 내일 저녁에는 동네 친구들을 불러와서 망원경으로 천왕성을 보여 줘야겠다.
다음번엔 해왕성을 찾아볼까?

천왕성에 가 보자

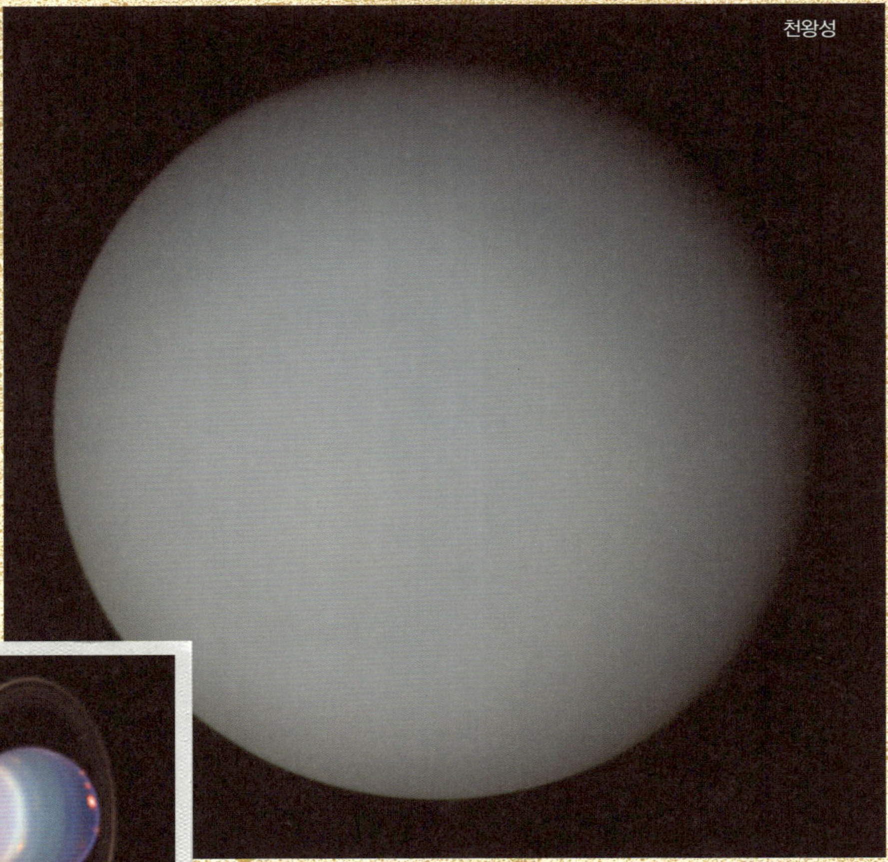

천왕성

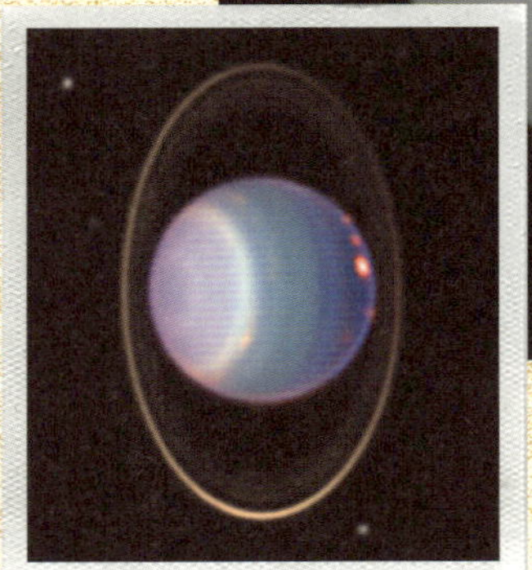

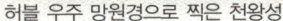
허블 우주 망원경으로 찍은 천왕성

와, 천왕성에도 고리가 있네?

미란다

참 못생겼죠? 이것은 천왕성의 위성인 미란다예요. 과학자들은 미란다가 못생긴 이유를 큰 충돌을 겪어서 한번 부서졌다가, 다시 모여 붙었기 때문이라고 짐작하고 있답니다.

저 위에 하얀 건 얼음인가?

음브리엘도 천왕성의 위성입니다.

움브리엘

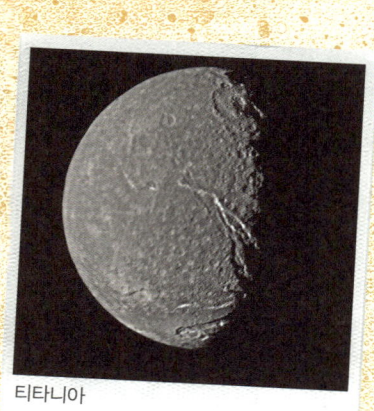
티타니아

천왕성의 위성 중에 가장 큽니다.
곳곳에 계곡처럼 생긴 것도 보이네요.

해왕성에서는 방귀 냄새가 날까?

고모 집에서 돌잔치가 있었다. 가까운 친척들이 모여서 막내둥이 사촌 동생의 첫돌을 축하해 주었다. 잔칫상은 상다리가 휘어질 만큼 푸짐했다. 배가 터지게 음식을 먹고 나서 후식으로 나온 떡, 수정과, 과일까지 먹었다. 그랬더니 배가 더부룩해지면서 방귀가 계속 나왔. 친척들과 인사를 나누고 집으로 향했다. 차 안이 너무 조용했다. 아빠는 운전하시고 엄마와 솔이는 졸고 있는 것 같았다. 그 틈을 타 살며시 엉덩이를 들고 방귀를 뀌었다.

'뿌우~웅.'

그리 크지 않은 소리였다. 식구들 얼굴을 살펴보았다.

'휴, 다행이다. 아무도 눈치를 못 챘구나.'

그때였다. 졸고 있던 솔이가 몸을 뒤척이더니 눈을 떴다.
"흠흠, 누가 방귀 뀌었어?"
못 들은 척했다. 솔이는 내 엉덩이에 코를 들이대더니 이렇게 말했다.
"오빠가 방귀뀌었다!"
'에잇, 들켰으니 시원하게 뀌자. 뿌부붕뿡.'
들킬까 봐 참았던 방귀를 마저 시원하게 뀌었다. 차 안은 방귀 냄새로 가득했다. 엄마, 아빠, 솔이는 서로 약속한 듯 차창을 열었다. 시원한 겨울바람이 들어왔다. 방귀 냄새가 나가나 싶었는데, 이번에는 시커먼 매연을 뿌리며 트럭 한 대가 지나갔다. 아빠는 창문을 닫으면서 이렇게 말씀했다.

"솔아, 자동차 매연보다는 오빠 방귀 냄새가 낫지? 하하!"
집에 다다를 쯤 사거리에서 붉은 신호등이 켜지고 차가 멈췄다. 우리 차 앞에는 버스가 있었다. '부르릉' 소리가 나자 매연이 들어올 것 같아서 조금 열려 있던 창문을 마저 닫았다.
"어, 이상하네? 저 버스는 매연이 안 나오는데요."
"천연가스를 쓰는 버스구나. 메탄이라는 가스인데 공해 물질이 아주 적게 나오는 연료란다. 사람이 뀌는 방귀에도 조금 들어 있어."
"그래요? 그럼 내 방귀도 그리 나쁜 건 아니네. 헤헤."
"자동차 매연이 줄면 도시 공기가 깨끗해지겠지."
"하늘도 더 파랗게 되고, 밤에 별도 더 많이 볼 수 있을 거예요."

집에 도착했다. 마당으로 겨울 햇살이 한가득 내리비쳤다. 하늘을 보고 있던 솔이가 물었다.
"오빠, 하늘은 왜 파란거야?"
"글쎄…, 바닷물이 파랗게 보이잖아. 그 빛이 하늘로 올라가서 파랗게 보이는 거 아닐까?"
그럴 듯 했지만 자신이 없었다. 도움을 청하는 눈빛으로 엄마 얼굴을 바라보았다.

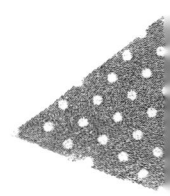

"멋진 상상력인걸! 엄마가 알고 있는 이야기도 들려줄게. 무지개 알지? 태양에서 오는 빛은 무지개처럼 여러 색을 담고 있어. 태양 빛이 지구에 다다르면 가장 먼저 무엇과 만날까?"

"과학책에서 읽었어요. 대기권 맞죠?"

"맞아, 재범이 대단한걸. 태양 빛이 대기권을 통과할 때, 다른 색의 빛은 슝슝 잘 지나가지.

그런데 파란 빛은 공기와 부딪히면 이리저리 반사되면서 하늘을 파랗게 물들여."

솔이가 걱정스런 눈으로 말했다.

"그럼 공기들이 많이 아플거야. 파란 빛이 너무 세게 부딪혀서 공기가 파랗게 멍든 걸 거야."

"하하하, 솔이의 상상력도 정말 놀라워."

솔이의 귀여운 말에 모두 웃음을 터뜨렸다.

"그런데 해왕성에도 대기권이 있나요? 책에서 봤는데 해왕성도 파랗던데요?"

"음…, 해왕성의 겉 부분은 거의 수소 기체로 덮여 있어. 아주 두껍지. 그리고 해왕성 하늘 아주 높은 곳엔 메탄가스로 된 구름이 있단다."

"예? 방귀에도 들어 있고 버스의 연료로도 쓰이는 메탄가스가 해왕성에도 있어요?"

"그렇지. 태양 빛이 해왕성에 닿으면 메탄가스로 된

가스 대기

얼음 맨틀

암석 핵

구름이 태양 빛을 반사시켜서 파랗게 되지. 그래서 해왕성이 파랗게 보이는 거야."

무척 신기하고 놀라운 사실이었다. 솔이가 말할 것이 있다며 내 귀에 대고 소곤거렸다.

"오빠 방귀가 해왕성까지 날아간 거야?"

"너 자꾸 놀릴래? 혼난다!"

저녁은 국수를 끓여 먹기로 했다. 엄마는 면을 삶고, 아빠는 국물을 만들고, 나는 반찬을 옮겨 놓고, 솔이는 수저를 놓았다.

"어! 또 하나 찾아냈다. 여기도 메탄가스가 있었네."

엄마가 가스 불을 가리키며 말씀하셨다.
"부엌에서 쓰는 도시가스의 주성분도 메탄가스란다."
"와! 메탄가스의 활약이 대단한 걸요."
메탄가스. 처음 들었을 때는 낯선 가스였는데 이젠 가깝게 느껴진다.
솔이가 장난기 어린 표정으로 엄마에게 매달리며 말했다.
"엄마, 아깝다! 오빠 방귀를 모아서 요리할 때 쓸 걸."
"하하하! 방귀 속에는 메탄가스가 아주 조금만 섞여 있어. 요리 한 번 하려면 한 달 동안은 모아야 될 걸."
국수를 먹으며 내내 솔이를 골려 줄 생각을 했다. 좋은 방법이 떠올랐다. 다정하게 웃는 얼굴로 말을 걸었다.
"솔이 다 먹었지? 이리와 봐. 오빠가 새로 발견한 것이 있는데 너한테만 알려 줄게."
솔이는 잔뜩 기대를 하고 내 옆에 왔다. 잽싸게 엉덩이를 들고 솔이 얼굴을 향해 '뿌우우웅' 방귀를 뀌었다.
"이게 바로 해왕성 표 방귀다! 메롱."
오늘은 이래저래 메탄가스의 날이 되었다. 천연가스를 넣고 달리는 버스를 보아도, 내 방귀 소리가 들릴 때에도, 부엌의 가스레인지를 보아도 메탄가스가 만들어 낸 해왕성의 파란 모습이 떠올랐다.

파란 나라 해왕성

1월 28일 날씨 : 파란 하늘 하얀 구름

어젯밤 꿈에 해왕성을 찾아갔다.
바다처럼 파란색이 마음에 들었다. 해왕성에 가까이 갔는데,
내 몸이 점점 파란색으로 변해갔다. 깜짝 놀랐다.
알고 보니 꿈이었다.

해왕성에 가 보자

해왕성

태양계의 마지막 행성인 해왕성입니다.
대기의 위쪽을 푸른색의 메탄가스가 감싸고 있어서 파랗게 보이는 거예요.

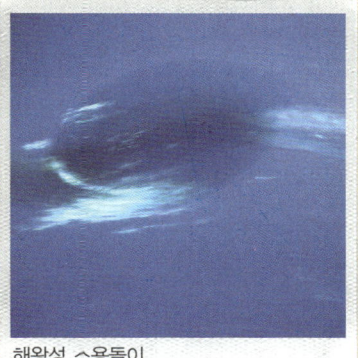
해왕성 소용돌이

하얀 거품처럼 보이는 것은 해왕성 표면에 있는 소용돌이입니다. 지구보다 3~4배 정도 크지요.

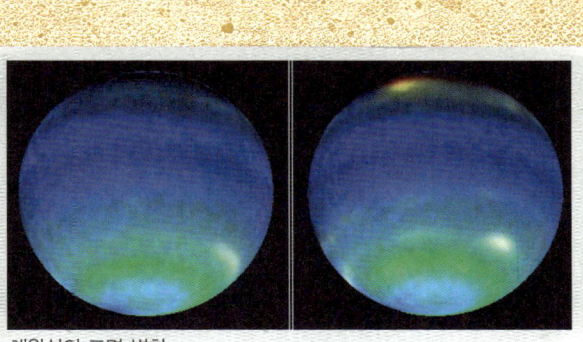
해왕성의 표면 변화

이 사진은 허블 우주망원경으로 관찰한 해왕성의 모습이에요. 같은 해왕성인데 모습이 다르죠? 바로 해왕성의 대기를 둘러싸고 있는 구름이 움직였기 때문이랍니다.

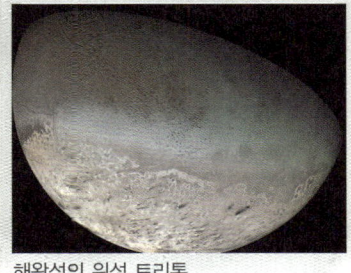
해왕성의 위성 트리톤

해왕성의 위성 트리톤입니다. 대부분의 위성은 자전 방향과 공전 방향이 같은데, 트리톤은 반대예요. 그래서 과학자들은 트리톤을 우주 먼 곳에서 생겨났는데 우연히 해왕성 근처를 지나다가 해왕성의 중력에 붙들린 게 아닐까 추측하고 있어요.

정월대보름 달을 선물 받다

지난 설날에 못 간 탓에, 음력으로 새해 첫 보름달이 뜨는 정월대보름에 맞추어 외갓집에 갔다. 솔이와 나는 외갓집에 도착하자마자 할머니, 할아버지께 큰절을 올렸다. 덕분에 때늦은 세뱃돈도 받았다. 절을 받으시자마자 할아버지는 내 손을 잡고 논으로 가셨다. 우리는 논두렁에 있는 마른 풀을 긁어 모아 불을 지폈다. 하얀 연기가 구름처럼 솟아났다. 바람이 휙 지나가자 불길도 덩달아 내달렸다.

"할아버지, 이게 바로 정월대보름에 하는 '쥐불놀이'라는

거죠?"

"우리 손자 똑똑하구나. 이렇게 불을 놓으면 들쥐도 도망가고, 풀에 붙어 있던 해충알도 없어지지. 또 타고 남은 재는 흙 속으로 스며들어 기름진 땅을 만든단다."

쥐불놀이가 한창일 때,

아빠가 구멍이 숭숭 뚫린 깡통을 들고 나타나셨다. 철사 줄이 매달려 있어 줄을 잡고 돌릴 수 있었다. 솔방울에 불을 붙여 깡통에 넣고 돌렸더니 불꽃 동그라미가 그려졌다. 쥐불놀이는 그날 밤 꿈속까지 이어졌다.

쥐불놀이하는 꿈을 꾸느라 꼴찌로 정월대보름 아침을 맞았다. 기지개를 펴고 있는데 솔이가 쪼르르 달려왔다.

"재범이 오빠야."

"왜?"

"내 더위 사라!"

아차! 그제야 할아버지가 말씀해 주신 '더위팔기'가 떠올랐다. 살금살금 부엌으로 기어갔다. 할머니와 엄마가 아침상을 차리고 계셨다. 조용히 엄마 뒤에 다가갔다.

"엄마!"

깜짝 놀라 뒤돌아보는 엄마에게 "내 더위

사세요." 하며 더위를 팔았다.

'헤헤, 올 여름 더위 걱정은 안 해도 되겠다.'

할머니가 바구니에 호도, 땅콩, 잣을 담아 내주셨다.

"더위를 팔았으니 부럼도 깨물어야지."

부럼을 잘 깨물어 먹으면 일 년 동안 부스럼 생기지 않고, 건강하게 지낼 수 있다고 했다. 아침 밥상에는 오곡밥이 올라왔다. 든든히 먹었다. 낮에 할 놀이가 많기 때문이었다.

숟가락을 내려놓기가 무섭게 밖으로 나갔다. 동네 아이들과 어울려 팽이 돌리기, 제기차기, 닭싸움을 했다. 찬바람에 손발이 시렸지만 무척 신났다. 썰매타기, 연날리기까지 하고 나니 하루가 저물고 있었다.

옷을 두껍게 껴입고 마당 평상에 걸터앉았다. 서쪽 하늘에 붉은 태양이 내려앉고 있었다. 노을이 생기는 듯 하더니 살며시 어두워졌다. 별이 나타나기를 기다리는데 동쪽 하늘에서 밝은 빛이 새어나왔다. 고개를 돌려 보니 정월대보름 달이 떠오르고 있었다. 땅에서 언덕 위 느티나무 옆으로 올라오는데 정말 커다랗고 둥글었다.

"모두 달맞이하러 나오세요."

온 가족이 마당에 둘러서서 정월대보름 달을 바라보았다. 내 옆에 서

있던 할아버지가 안경을 고쳐 쓰며 말씀했다.

"저길 봐라. 별이 좀스럽게 모여 있지? 좀생이별이라고 한단다."

할아버지가 가리킨 곳에는 예닐곱 개의 별이 가까이 모여 있었다.

"달맞이 하는 날에 왜 좀생이별을 찾아요?"

"옛날에는 정월대보름에 달과 좀생이별을 살펴 보고 한해 농사를 미리 점쳤어. 달이 좀생이별보다 북쪽에 떠 있으면 산골에 풍년이 들고, 남쪽에 떠 있으면 바닷가에 풍년이 든다고 믿었거든."

"할아버지, 올해는 어떨 것 같아요?"

"글쎄, 어디보자. 달이 어느 한쪽으로 치우치지 않았네."

"와! 그럼, 산골도 바닷가도 모두 풍년이겠어요."

달맞이를 하던 가족들과 친척들이 모두 신이 나서 박수를 쳤다. 그러자 할머니가 흥겨운 목소리로 말씀했다.

"올해는 정말 풍년이 들것 같네. 달빛이 아주 좋아."

"달의 색으로도 무얼 알 수 있어요?"

할머니는 어깨춤을 추며 옛 가락에 맞추어 풀이를 해 주셨다.

"정월대보름 달을 보시구려. 너무 붉으면 가뭄이 들까 걱정이요. 얼쑤, 너무 희면 장마 들까 걱정일세. 여보게들 오늘 달은 어떤가? 커다랗고 넉넉한 황토색이네. 얼싸 좋다. 대풍이요. 얼싸 좋구나. 대풍이네."

한바탕 춤마당이 펼쳐졌다.

나는 망원경을 가지고 나와 설치했다. 망원경으로 보름달을 본 적은 없어서 궁금했다.

"와! 멋있는데. 어둡고 평평하게 보이는 것은 달의 바다야. 하지만 진짜 바다는 아니란다. 용암이 흘러나와 평평해진 것뿐이지."

아빠가 먼저 보고 설명해 주셨다. 나도 망원경으로 달을 관찰했다.

"어? 아빠, 불가사리처럼 보이는 게 있어요."

"달에 운석이 부딪힐 때 먼지들이 불가사리 모양으로 퍼져나간 거란다. 오늘 같은 보름달일 때 잘 보이지."

"우리도 구경하자."

할아버지, 할머니도 신기해하며 망원경 속의 달과 하늘에 뜬 달을 번갈아 관찰하셨다.

"달의 바다 테두리를 이어 보면 토끼 모양이 그려지는 거구나."

"그래요? 저도 알려 주세요."

할아버지가 일러주시는 대로 머릿속에 그려 보았다. 정말로 두 귀를 쫑긋 세운 토끼가 달에 나타났다.
"자, 오늘의 마지막 순서 입니다. 보름달을 선물로 나눠 드릴 게요."
아빠는 솔이의 손바닥을 망원경 가까이 가져다 댔다. 초점 장치를 살살 돌리자 놀라운 일이 벌어졌다. 솔이의 손바닥에 둥근 보름달이 환하게 나타났다. 망원경을 지나온 달그림자가 손바닥에 비친 것이었다.

"우와, 정말 예뻐."

"솔아, 이제 소원을 빌어. 그 다음 손바닥의 달을 얼른 가슴으로 가져가는 거야."

솔이는 뚫어지게 손바닥을 쳐다보더니 휙하고 달이 새겨진 손을 가슴으로 가져갔다.

달맞이가 끝나고 방으로 들어와 포근한 솜이불을 파고 들었다. 불은 모두 꺼졌지만 창문은 환했다. 창문 틈새로 달빛과 겨울바람이 들어왔다. 찬바람이 얼굴에 와 닿았지만 마음은 따뜻했다. 아까 선물 받은 달님이 가슴에 들어와 있기 때문이다. 올해는 둥글고 밝은 달을 일 년 내내 품고 지내야겠다. 그리고 그 빛을 친구들에게도 나눠 줘야지.

달빛이 황토색이면 풍년이 들까요?
달의 색깔에 따라 풍년인지, 흉년인지 알 수 있을까요? 달의 색깔이 달라지는 이유는 달빛이 지구로 들어올 때, 지구의 대기 상태에 따라 퍼지는 빛의 색깔이 다르기 때문입니다. 그러니 농사의 풍년이나 흉년과는 관계가 없지요. 대기가 맑고 깨끗할 때는 모든 빛이 지표면까지 도달하기 때문에 흰 달로 보이고, 대기에 먼지가 많거나 달이 낮게 뜨는 경우에는 붉은 빛이 많이 퍼지기 때문에 붉은 달로 보입니다. 또 아주 드문 일이지만 화산이 폭발해서 화산재 등으로 지구의 대기가 더러워졌을 때는 푸른 색이 많이 퍼져서 푸른 달로 보인답니다.

변신의 대왕 달

2월 21일   날씨: 달도 밝고 별도 밝고

정월대보름을 맞이하여 외갓집에 갔다. 집으로 돌아오는 길에 달을 봤다.
달이 자꾸 쫓아오는 것처럼 보였다.
달의 바다를 눈여겨봤더니 토끼,
사람 얼굴, 집게 발 달린 게가
떠올랐다. 참 신기했다.

달에 가 보자

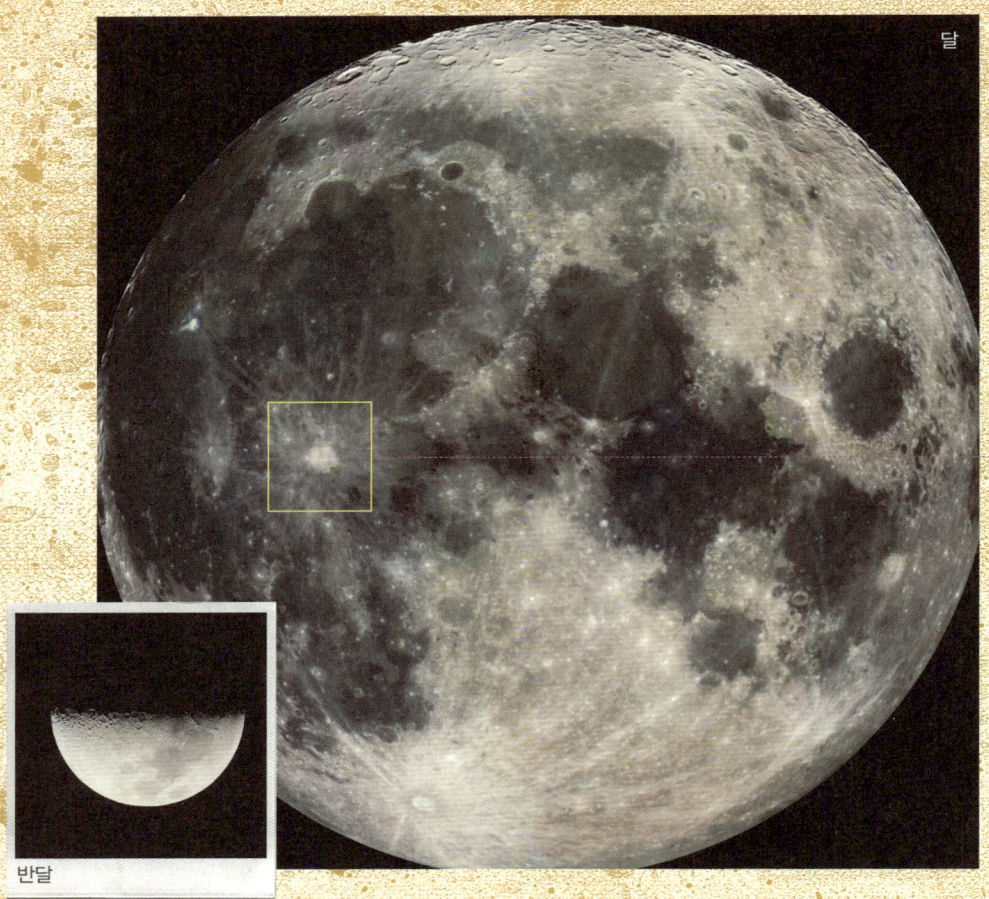

달

반달

달의 어두운 부분을 달의 바다라고 해요. 그리고 여기저기에서 보이는 작은 동그라미들은 크레이터지요.
달에는 공기가 없어서 바람도 없어요. 그래서 오래 전에 생긴 크레이터는 수백 년이 지나도 변하지 않는답니다.

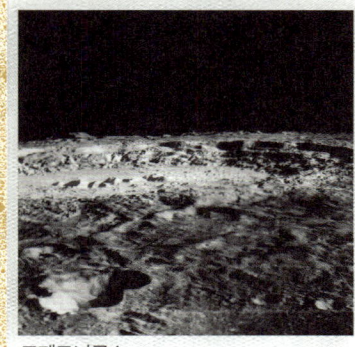
코페르니쿠스

코페르니쿠스는 달의 적도
바로 위쪽에 있습니다.
크레이터 한가운데에는
1.2km 높이의 봉우리가 솟아 있지요.
보름달일 때는 크레이터 주위로 길게 뻗어나가는
여러 갈래의 빛줄기가 뚜렷이 보이지요.

엄마랑 솔이는 어디 갔지?

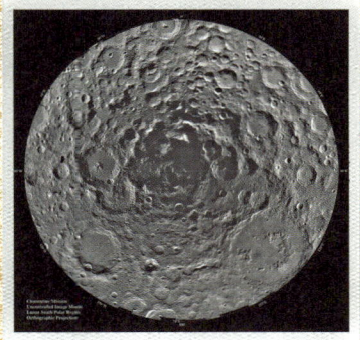
달의 남극

여기는 달의 남극입니다. 가운데 부분이 아주 어둡죠?
늘 햇빛이 비치지 않고 그늘진 곳이라서 그렇게 보이는 거예요.
어쩌면 지구의 남극처럼 얼음으로 가득 차 있을지도 모르지요.

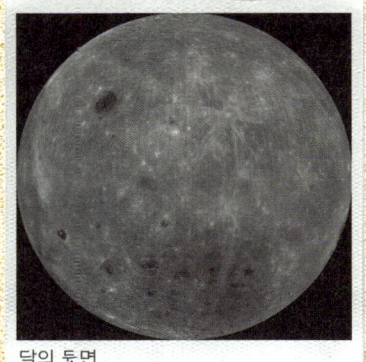
달의 뒷면

지구에서 볼 수 없는 달의 뒷면에는
바다 지역이 별로 없고
크레이터만 잔뜩 있습니다.

와! 처음 보는 달의 뒷면이다!

우리 여기 있다.
달의 남극에 왔지.

태양계를 넘어서

별가족과 함께 한 태양계 탐험 즐거웠니? 우리 지구와 다른 환경을 지닌 행성들을 보고 많이 놀랐을 거야. 이제부터 밤하늘을 자주 봐야겠다고?
그래 잘 생각했어. 하늘과 친해지면 별자리를 익히는 데 도움이 될 거야. 별자리를 알고 나면 우리가 둘러본 행성들도 찾아 볼 수 있을 테고.
앞으로 태양계 행성에 대해 더 많이 공부하도록 하자.
이제 책을 다 읽었으니 약속한 대로 우주선 이름을 알려 줘야겠구나.
이 우주선은 둥글게 생겼어. 아주 크고 편안해. 내가 보기엔 세상에서 가장 훌륭한 우주선이야. 음, 네가 지금 타고 있어. 아직 잘 모르겠다고?
쉿, 이리 가까이 와서 귀를 기울여 봐.
'우주선 지구호'란다.
이런 또 속았다고? 아니야, 내말을 들어 봐. 지구는 정말 멋진 우주선이야. 우주선 지구호는 하루에 한번 스스로 돌면서 밤과 낮의 아름다운 하늘을 보여 주지. 그리고 일 년에 한 번씩 태양 둘레를 돌아. 그러면서 봄, 여름, 가을, 겨울의 별자리를 보여 주지. 그뿐만이 아니야. 더 놀라운 사실을 말해 줄게. 지구와 행성, 태양이 어울려 있는 태양계도 움직여.
태양계는 우리 은하 둘레를 중심으로 1초에 220km를 돈단다. 어때!
쉬지 않고 우주공간을 여행하는 '우주선 지구호' 정말 대단하지?
태양계는 우리 은하의 한 귀퉁이를 지키고 있어. 우리 은하에는 태양처럼 스스로 빛을 내는 별이 2,000억 개가량 된단다. 우리가 앞으로 탐험할 곳이 정말 많구나. 먼지와 가스가 모여 있는 성운, 새로 태어나는 별무리, 일생을 마친 별의 부스러기, 그리고 엄청난 힘을 지닌 블랙홀까지 모두 은하를 탐험하면 만날 수 있는 거란다.

처음 보았을 때 보다 네 눈동자가 훨씬 밝아 졌어.
눈을 가만히 들여다보니까. 태양계 너머 은하 속의 별까지 가득 담겨 있네!
나중에 다시 만나서 은하 탐험도 함께 떠날 거지?

별 헤는 밤, 꿈꾸는 어린이 친구야. 안녕!

교과부, 문광부, 환경부가 우수도서로 인증한

토토 과학상자 시리즈 (전 24권)

우리나라 과학 전문 필자가 우리 어린이의 눈높이에 맞춰 쓴 과학책!
생물 지구과학 물리 화학 등 모든 과학 분야의 기본 원리를 친절하게 알려줍니다.

    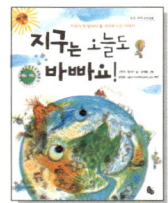 

〈토토 과학상자〉는 24권까지 모두 나왔습니다.
홈페이지 www.totobook.com 에서 과학퀴즈를 풀고 상품을 받으세요.